XABSIGAYGII

XABSIGAYGII
Xusuus Qorkii Baresare Yuusuf Xirsi Axmed

Baresare Yuusuf Xirsi Axmed
*Xubin Guddiga Af-Soomaaliga 1971-1973.
Bare Sare Kulliyadda Caafimaadka
ee Jaamacadda Ummadda Soomaaliyeed.*

Looh Press | 2022

LOOH PRESS LTD.
Copyright © Yuusuf Xirsi Axmed & Maxamed Yuusuf Xirsi 2022.
Dhowran © Yuusuf Xirsi Axmed & Maxamed Yuusuf Xirsi 2022.
First Edition, First Print September 2022.
Soo Saariddii 1aad, Daabacaaddii 1aad Sabteembar 2022.

All rights reserved. No part of this publication may be reproduced, stored in any retrieval system, or transmitted in any form or by any means, including photocopying, recording, or other electronic or mechanical methods, without the prior written permission of the publisher, except in the case of brief quotations embodied in critical reviews and certain other noncommercial uses permitted by copyright law. For permission and requests, write to the publisher, at the address below.

Xuquuqda oo dhan way dhawran tahay. Buuggan oo dhan ama qayb ka mid ah lama daabacan karo, lamana tarjuman karo la'aanta idan qoran oo laga helo qoraha.

First Edition 2022
"Xabsigaygii:
Xusuus Qorkii Baresare
Yuusuf Xirsi Axmed."
Looh Press
56 Lethbridge Close
Leicester, LE1 2EB,
England, UK.

Daabacadda 1aad 2022
"Xabsigaygii:
Xusuus Qorkii Baresare
Yuusuf Xirsi Axmed."
Looh Press
56 Lethbridge Close
Lester, LE1 2EB,
Boqortooyada Ingiriiska.

Printed & Distributed by
Daabicidda & Suuqgeeyaha waa
Looh Press
56 Lethbridge Close
Leicester, LE1 2EB,
England, UK.
www.LoohPress.com
admin@LoohPress.com / LoohPress@gmail.com

Printed & bounded by: TJ International Ltd, UK.
Waxaa Daabacay:

ISBN: 978-1-912411-41-2 (Paperback)

TUSMO

HORDHAC ix

FASALKA KOOBAAD:
QABASHADII 1
Godka 3

FASALKA LABAAD:
SABABTA LA II XIRAY 5
1. Shirkii fikradeed ee 1974kii. 6
   1.1 Siyaasadda 6
   1.2 Dhaqaalaha 8
   1.3 Tacliinta 8
2. Shirkii Madaxweynuhu la Yeeshay Taqaatiirta 10
3. Hanuunintii Dugsiga Xalane 11
4. Hanuunintii Macallimiinta Jaamacadda 11
5. Hanuunintii Dugsiga Sare ee Booliska 15
6. Khudbadii Madaxweynaha ee Dugsiga Xalane 17

FASALKA SADDEXAAD:
XABSIGA LAANTA BUUR 19
Habka Nolosha Xabsiga 21
   1. Al-Muhaajiruun 23
   2. The Man Died (Ninkii wuu dhintay) 24
   3. Processo di Praga (Maxkamadayntii Paraga) 24
Xannaanada Caafimaadka ee Xabsiga 26
Xaaladda Nafsaani ee Maxbuuska 26
Qamta 27
Is Arag Saraakiil Sare ee Ciidanka Asluubta 27

v

Xiridda Wiilka Madaxweynaha 28

FASALKA AFARAAD:
RARIDDII 29

FASALKA SHANAAD:
XABSIGII LABAATAN JIROW 35
Qaabka Dhismaha ee Xabsiga 36
Noocyada Dadkii Xabsigaas Loo Soo Raray 37
Ilaalinta Xabsiga 39
Dadkii Xabsiga Lagu Furay 40
Habka Nolosha Xabsiga 42
Raashinka Xabsiga 44
Xannaanada Caafimaadka 44
Isbiimaynta Xaaskayga 45
Dagaalkii Soomaali Galbeed 47
Saamaynta uu Dagaalku ku Yeeshay Xabsiga 47
Kaladhimashada Soomaaliya iyo Soofiyeetka 48
Dad la Sheegay in Xabsiga Lagu Diley 50

FASALKA LIXAAD:
SOODEYNTII 53
Dooddii na Dhex Martay Aniga iyo Madaxweynaha 54

FASALKA TODDOBAAD:
GUNAANAD 63
Kacaankii Oktoobar Muxuu Gudey Muxuuse Gabay? 63
   Kacaankii Oktoobar Waxa uu Gudey 64
   Kacaankii Oktoobar Waxa uu Gabay 67
Qabiil Qaran ma Beddeli Karaa? 69
Gabogabo 71
Xabsisii Muxuu i Taray Muxuuse ii Dhimay? 73

LIFAAQ 1:
HALGANKII GOBANNIMADOONKA
EE **GOBOLADA KOONFUREED** 75
Arar 77

Riyo saadaal u ahayd xoroobidda 77
Magacyada asaasayaashii Leegada 78
Xisbigii gobannimadoonka 78
Shakhsiyaad aad uga dhex muuqdey xisbiga 79
Kooxdii xaajiyaasha 80
Asxaabtii Talyaaniga la jirtey iyo madaxdoodii 80
Dhaqdhaqaaqyadii gogoldhigga u ahaa halgankii gobanni-
modoonka iyo Hoggaamiyeyaashoodii 81
Dhaqdhaqaaqii Daraawiishta (1900-1921): 81
Kacdoonkii Biyomaalka (1897-1908): 81
Dagaalkii Lafoole (1896): 82
Kacdoonkii Shabeellaha Dhexe (1923-1924?): 82
Inqilaabkii Ceelbuur (1925): 83
Dagaalkii Majeertiinya (1924-1927): 84
Dhacdaalihii gobannimadoonka oo aan goobjoogga u ahaa ... 84
Weerarki Carabta Beexaani ee Xamar (1947) 84
Layntii Talyaaniga (January 1948) 85
Dagaalkii Dhagaxtuur (5 Oktoobar 1949) 86
Fikraddii Calanka Soomaaliyeed 87
Saadaal Xun ee Joornaal Talyaani ah 87
Xoogaa la mid ah heesihii iyo gabayadii gobannimodoonka ... 88
Soomaaliyey toosoo: 88
Jiiftadii Cali Xuseen 89
Talyaani waa nimaan sir aqoon 91
Doofaar baqtiyey 91

LIFAAQ 2:
SHEEKOOYIN SOOMAALIYEED 93
Arar. 95
[Sheekada 1aad] KAL CALAWI. 95
[Sheekada 2aad] DABAGAALLE IYO DHULKA OO
XABBAD QUULLE AH ISKU QABSADAY. 96
[Sheekada 3aad] WIIL MARTI AH OO DHURWAA
QAADAY. 97

[Sheekada 4aad] SIDII MADKO FOOD KU JIRA HAYGU SOO FOOGNAAN 98
[Sheekada 5aad] KEEROW FIQI MA TAHAY 98
[Sheekada 6aad] CADCAD INA-CIIDOOLE 99
[Sheekada 7aad] XUNGURUF 100
[Sheekada 8aad] DHEGDHEER 101
[Sheekada 9aad] ARRAWEELO 106
[Sheekada 10aad] WIIL ABTIGIIS TUUGNIMO KU TABO BARAYO 110
[Sheekada 11aad] BIRIIR BARQO IYO XABBAD INA-KAMAS 112
[Sheekada 12aad] RABOOSH OO ROOB U DA'EY REERO WARARAYSANMAYN 115

LIFAAQ 3:
SAWIRO 117

HORDHAC

"Xabsigaygii" waxaa loogu talo galay inuu fikrad ka bixiyo xabsigii "Ii hayda" ee qoraha buugga, oo socdey muddo labo sano ku dhow (22 bilood iyo 10 beri, laga bilaabo 19 May 1976kii ilaa 27 Maars 1978kii). "Ii hay" wuxuu ahaa eraygii loo adeegsan jirey xarigga siyaasadeed oo aan qofka la xiray wax eed ah lagu soo oogi jirin, maxkamadna aan la soo hor taagi jirin, ee uun inta' xabsiga la dhigo loo deyn jirey hadba muddadii lays yiraahdo qofkaas edbin waa ugu filan tahay. Sababta aan qofka noocaas ah eedayn danbi loogu soo jeedin jirin, maxkamadna loo hor keeni jirini waxay ahayd inaan wax eed ah oo cad lagu haynnin ee arrintu ahayd iga qari oo keli ah.

Qoraalkaan loolama jeedo in fikrad buuxda looga dhiibto nidaamkii siyaasadeed ee waqtigii dhacdaalahaani dhacayeen dalka ka jirey. Taasi waxay u baahnaan lahayd qoraal intaan ka baaxad weyn, waqti intaan ka dheer iyo xog ogaalnimo inta aan hayo ka badan. Hase ahaatee, ma reebbanaan doonto inaan wax uunaaya ka iraahdo - halka iyo halkooba- nidaamkaas isaga ahaa.

Maadaama waqtigii ay arrimaha aan halkaan kaga hadli doonaa ila soo gudboonaadeen ay ka soo wareegtey muddo gaaraysa 22 sano, waxaan shaki ku jirin inaan illoobey magacyo, meelo iyo dhacadaalo la xiriira arrintaan. Sidaas awgeed waxaan cudadaar faxan weydiisanayaa qof kasta oo ka hela qoraalkaan waxyaalo aan heerkii sugnaanta ee la rabey oofsannin.

Way ila habboonaan lahayd haddii raggii aan xabsiga wada galnay qaarkood uu dhammays tiro wixii aan ka tegey, wixii aan qaldayna uu saxo.

FASALKA KOOBAAD: QABASHADII

Goor sagaalkii habeennimo ahayd (ama saddexdii qofba sida uu yaqaan), 19 May 1976kii, ayaa waxaa gurigii aan degganaa, oo ku yiil Isbitaalka Qaaxada agtiisa, igu soo garaacay koox Ciidanka Nabad Sugidda ka mid ahayd, oo uu hoggaaminayey sarkaal ciidankaas ka mid ahaa oo la yiraado Naasir, oo R/ Hobyo ahaa. Saacaddaas sillooni waa tan tuugada iyo ciddii aan dan xalaal ah wadani ay socdaan. Dalka Masar oo nidaamkaas mid la mid ahi uu ka jirey, waxaa loo baxshey ciidanka amniga ee habeenkii guda "Zuwaarul leyl" oo micneheedu yahay (booqdayaasha habeenkii). Waxaad mooddaa in danaha laga lahaa hawlgalka saacaddaas dambe ay ahaayeen: 1) In qofka la qabanayo iyo qoyskiisaba lagu abuuro argagax, taasoo la mid ah sidii libaaxii yiri: "Reer nabad ku soo galay oo nabad ku seexday kaga salaliyow ani dheh 2) Inaan dadka deriska ah ishoodu qabannin falka qabashada, oo xataa haddi ayan waxba ka qaban karin amaba ka oran karin ay dhici kartey in falkaas qalloocani uu ku abuuro diidmo qarsoon iyo kahsi.

Markii aan daloolka albaabka ka eegay, waxaa ii muuqday muuqaal dhiillo leh oo ahaa kii ciidankaas oo ahaa mid xambaarsan dareen kahsi iyo karaahiyo. Hase ahaatee, ma oran karo in imaatinkoodu uu kulligiis kado igu ahaa, maxaa yeelay qof kasta oo anigoo kale ahaa (sababta gadaal baan ka soo sheegi doonaaye) wuu filan karey in mar uunaaya uu ciidankaasi soo booqan doono. Si kale haddaan u iraahdo arrintu waxay u ekayd sida Soomaalidu tiraahdo " Nabar la filayey naxdin ma leh".

Hoggaamiyihii kooxda oo aan magiciisa horay usoo sheegay wuxuu yiri: "Waxaa noo soo kaa diray Wasiirka Caafimaadka, Dr. Maxamed Calinuur, oo raba inuu kaala hadlo ammo caafimaad oo degdeg ah". Taasi waxay ahayd xeelayd la rabey in si aan didmo lahayn la iigu kexeeyo. Hase ahatee, xeeshii ay wateen way u socon weydey markii aan ku iri: "Haddii Wasiirka Caafimaadku i rabo idinka iima soo kiin direen ee ama qof shaqaalihiisa ka mid ah ama taleefan buu iisoo diri lahaa".

In rnuddo ah markii aan hagagtamaynney oo ay intaas isku deyayeen inay igu qanciyaan in Wasiirka Caafimaadku iisoo diray, ayay aakhirkii ka badin waayeen inay runta ii sheegaan oo ay yiraahdaan waxaa noo soo kaa diray madaxdayada. Mar haddii arrintu halkaas gaartey waa la wada garan karaa inaan hoggaansan mooyee hadal ii harin. Maarkaas baan waxaan ka codsaday inay waqti yar oo aan isku soo diyaariyo i siiyaan, taasoo ay iga yeeleen. Xaaskii markii aan arrintii u sheegay aad bay uga argagaxdey, iyada iyo inttii kale oo guriga joogteyba.

Muddo yar markii aan ka maqnaa, ayaan soo baxay anigoo waldaaminaya shandad weyn oo alaabo ka buuxdo, oo ah kuwa uu qaato qofka safarka dheer aadayaa. Sababtu waxay ahayd in qofka la qabtaa uusan ogaan jirin goor uu soo laaban doono oo ay dhici kartey inuu sanooyin badan maqnaado. Arrintii waxay kooxdii ku noqotay mid filan waa ah oo waxay yiraahdeen: "Looma baahna shandaddaan weynaanta badan maxaa yeelay dhaqso ayaad u soo laaban doontaa". Inkastoo aanan ku qancin saadaashoodaas wanaagsan, haddana waxay igu qarqarsiyeen inaan shandadda weyn iska dhigo. Markaas baan dib u laabtay oo soo qaatay mid yar oo aan wixii lagama maarmaanka ahaa ku soo ritey.

Halkaas markay arrintu maraysey, ayaa mid ciidankii ka mid ahi yiri: "Weligayo ma arag cid adiga kaa horreysey oo sidaas oo kale noola doodday". Hadalkaas labo fartiimood baa ku dheehnaa oo midda koowaad ahayd: Inayan cidna u bannaanayn inay war ka soo celiso wax Ciidanka Nabad Sugiddu yiri ama sameeyey, taasoo micneheedu ahaa sidii oraahdu lahayd: "Ha la doodin nin wuxuu doono falaay". Fartiinta labaadna waxay ahayd: In kastoo aadan dhawrin sidii dhaqanku ahaa, haddana waan ku xushmaynnay ee ogow in abaal laguu galay.

Godka

"Godka" waxaa lagu magacaabi jirey rugtii Ciidanka Nabad Sugidda ee ku tiil degmada Boondheere ee Xamar, oo uu muddada dheer Axmed Jilicow madaxda ka ahaa.

Rugtaasi waxay ahayd meesha inta badan la geeyo dadka Xamar laga qabtay, halkaas bayna ahayd meeshii nala geeyey, aniga iyo dadkii kale oo badnaa oo habeenkaas la qabtay. Ma qarsoona tilmaanta uu bixinayo magaca meeshu, oo ah mid la mid ah tan godka aakhiro oo aan soo noqodka lahayn, sida Soomaalidu tiraahdo: "God aakhiro gaddoon ma leh". Rugtaasi waxay ahayd meel labo hawlood gudata oo kala ahaa: In qofkii aan aad loogu tiigsanayn muddo lagu hayo, taasoo qofka helaa uu ahaa mid nasiib leh, maxaa yeelay waxay uu dhib yarayneysey in ciddiisu si sahlan ula soo xiriirto oo hadba wixii uu u baahdo u keento. Hawsha labaad waxay ahayd mid kala shaandhayn oo lagu kala xulo dadka xabsiyada kale loo wareejinayo, sida xabsiga weyn ee Xamar, kan Laanta Buur, kan Mandheera (Woqooyi), iwm.

Waxaan filayaa in dadkii habeenkaas la qabtay, oo aan ka midka ahaa, ay ahaayeen kuwo aad loogu ciil qabey, sababtoo ah in muddo saacado yar gudohood ah nalooku raray xabsiga Laanta Buur. Dad 50 qof ku dhow baa habeenkaas la soo qabtay, oo aan jeclahay inaan gadaal uga faalloodo yay kala ahaayeen.

Waad wada garan kartaan wadna fugta ku dhici jirtey qoyska qof laga xiray oo markii uu subixii yimaado Godka, oo weydiiyo xaggee buu jiraa qofkayagii, loogu jawaabo: Halkana ma joogo meel kale oo la geeyeyna ma naqaan. Qoyskaas nasiibka daran muddo dheer bay ku qaadan jirtey inuu ogaado meesha la geeyey qofkii laga xiray. Sida badan inaan jawaab rasmi ahba la helin bay u badnayd ee mid ciidanka ka mid ahi uu si qarsoodi ah ugu sheego cidda wax raadinaysa meesha loo gudbiyey qofka la baadi goobayo, isagoo ka codsanaya inayan sheegin meesha ay warkaas ka heleen. Taasi waxay dhici jirtey markii qofka warka bixinaya ay aqoon ama qaraabannimo idinka dhexayso ama uu ahaa mid uusan dareenkii banii-aadanimadu ka guurin.

FASALKA LABAAD: SABABTA LA II XIRAY

Fasalkaan oo dhan waxaan jeclahay inaan uga faalloodo sababaha aan filayo inay xiriddayda ku wacnaayeen.

Marka lays weydiiyo sababta dadka loo xiri jirey, arrintaasi waxay ahayd mid aan jawaab rasmi ah looga heli jirin xagga dawladda. Hase ahaatee, qofka la xiray iyo dadweynaha toonna dhib kuma ahayn helidda jawaabtu. Waxaa la weriyaa qisada soo socota oo la sheegay inay ku dhacday Faarax Golaley, Alle haw naxariistee. Waxaa la sheegay in Faarax la xiray muddo saddex bilood ah (waa intii Kacaanku booddo baradka ahaa oo dadka la xiri jirey muddo bilo yar ah). Intii uu xirnaa oo dhan wuxuu weydiinayey ciidankii hayey sababta loo xiray, wax jawaab ahse ma uusan helin. Markii la soo daayey buu wuxuu la kulmay nin gaari-dameer wata oo ay is arag yiqiinneen laakiin ayan is magac aqoonnin. Faarax ninkii buu weydiiyey waxyaalaha ugu dambeeyey oo magaalada ka dhacay. Ninkii wuxuu u sheegay in dhacdaasha ugu muhimsanayd oo magaalada ka dhacday ay ahayd xiridda koox uu ka mid yahay nin Faarax Golaley la yiraahdo. Faarax ninkii buu waydiiyey sababta ninkaas uu magacaabay (isaga laftiisa) loo xiray? Ninkii Ilaahay jawaabtii kuma dhibine si sahlan buu wuxuu u yiri: Oo maxaa kale oo lagu xiri lahaa oo aan hadal ahayn! Faarax jawaabtii uu intii uu xirnaa oo dhan dawladda weydiinayey, laakiin uusan jawaabta uga helin, ninkaas gaari-dameerlaha ah buu ka helay!.

Anigu, haddii aan u soo jeesto sababtii la ii xiray, taasi waxay ahayd sida uu ninkaas gaari-dameerlaha ahi sheegay, oo ahayd in afkaygu i melgey. Waxaa caado ii ahayd inaan si furan ra'yigayga uga dhiibto arrintii lays weydiiyo in ra'yi laga dhiibto, taasoo marar badan ka dhici jirtey madaxda qaranka ee sare hortooda. Ma aan ahayn dadka xasaska ka gunuunuca ee wixii aan qabo meel fagaare ah baan ka sheegi jirey. Meelaha ugu weynaa oo laygu qoonsaday waxaa ka mid ahaa kuwa soo socda:

1. Shirkii fikradeed ee 1974kii.

Shirkaasi wuxuu ahaa mid fikradeed oo looga doodayey jihaynta siyaasadeed, dhaqaale iyo tacliimeed ee Soomaaliya, oo waayahaas ku dhawaaqday inay qaadatay nidaamka haniwadaagga cilmiga ku dhisan, kaasoo ahaa kii Marx iyo Lenin. Shirkaas oo ahaa mid dawladdu wadatey, waxaa hoggaaminayey koox aqoonyahanno ah oo uu ka mid ahaa Maxamed Yuusuf Weyrax. Arrimihii shirkaas looga dooday waxay ahaayeen kuwo siyaasadeed, dhaqaale iyo tacliimeed oo kulligood lagu qeexayey siyaalaha la rabey in loo jiheeyo arrimahaas iyo dalalka la rabey in hirgelintooda xiriir sokeeye iyo iskaashiba lagala yeesho.

1.1 Siyaasadda

Habeenkii arrimaha siyaasadda laga doodayey waxaa shirka guddoominayey Axmed Saleebaan Dafle, oo halkaas ka jeediyey khudbad aad u habaysan oo ku saabsanayd dadaalkii Dawladda Kacaanku samaysay oo ku saabsanaa sidii loo xallin lahaa khilaafka dhul ee na dhex yaal innaga iyo Itoobiya. Axmed wuxuu hadalkiisii ku soo daray in dawladdii hore isku ladday arrintaas, wax micno iehna ayan ka qabannin. Markay arrrintu halkaas maraysey ayaan waxaan xusuusiyey in dawladdii hore laftigeedu dadaal badan ka samaysay arrinta dalalka maqan, anigoo mitaal usoo qaatay dagaalkii dhex maray Soomaaliya iyo Itoobiya, 1964kii, iyo kii lagu sigtay ee 1968kii markii Faransiisku qaska ka sameeyey Xeebta Jabuuti..Wuxuu iigu jawaabey: "Maxay dalal maqan ka qaban kartey dawlad wasiirkeedii arrimaha debeddu uu cadawga jaasuus u ahaa"? Waxaan u sheegay in falkaasi, haddii uu run ahaan dhacay, u ahaa mid fol xun, hase ahaatee ay isla dawladdii markaas jirtey, goortii ay arrintaas ka war heshay, ay ninkaas maxkamad soo hor taagtey oo markaas lagu xukumay xabsi labaatan sano ah. Sidaas awgeed - baan raaciyey - xaq ma aha in wixii wanaag ahaa oo ay dawlaadaasi qabatay loo inkiro in wasiir iyada ka mid ahaa uu qalad xun galay.

Intii shirdkaasi socdey, kooxdii arrimaha siyaasadda wax ka soo jeedineysey waxay hadalkeedii ku soo gunaanaddey inaan xiriirkeenna siyaasadeed u jihaynno xagga dalalka hantiwadaagga ah oo aan hiil iyo hooba wadaagno.

Waxyaalihii yaabka lahaa oo halkaas laga yiri waxaa ka mid ahaa: In haddii Itoobiya uu nidaam hantiwadaag ahi ka hir geli lahaa ay sahlanaan lahayd xallinta khilaafka na dhex yaalla innaga iyo dalkaas. Waxaan ra'yigaas ka iri: "Haddii hantiwadaag uu mashkalo dal laysku haysto xallinayo, Jiina iyo Midowga Soofiyeetka baan maydka askartii kaga dhimatay dagaalkii ku dhex maray dalka ay isku haystaan la kala guri waayeen"!. Waqtigaasi wuxuu ahaa markii ay sida xun isugu laayeen dhulka ay isku haystaan.

1.2 Dhaqaalaha

Kooxdii doodda dhaqaalaha hoggaamineysey waxay hadalkeedii ku soo murtiyeysey in xiriirkeenna dhaqaale laga soo leexsho dalalka hantigoosadka ah oo loo soo jiheeyo xagga dalalka hantiwadaagga ah. Fikraddaas, oo aan i qancinnin, waxaan ka iri: "Taladaasi waxay khilaafsantahay xaqiiqada maanta adduunka ka jirta oo ah in dalal fikrado siyaasadeed oo kala duwan aamminsani ay iskaashi dhaqaale wada leeyihiin". Waxaan ku hal qabsaday Midowga Sofiyeetka iyo Jiina oo labaduba isla ayaamahaas heshiisyo dhaqaale la gaareen bankiyada iyo he'adaha dhaqaalaha ee dalalka hantigoosadka ah. Waxaan kale oo iri: " Waa in la xusuusto xiriirka ganacsi oo aan la leennahay dalka Sucuudiga, oo aan ahayn dal hantiwadaag ah". Dalkaas oo aan xoolo nool iyo moosba u dhoofin jirney waxaa naga soo geli jirtey lacag adag oo badan. Haddaba, waxaan xusuusiyey kooxdii iyada ahayd in lacagta dalkaas ina ka soo geli jirtey ayan ku dul qornayn summad hantiwadaag iyo mid hantigoosad toonna, oo markii ay na soo gaarto aan waxaan rabno ku qabsan karney. Hadalkaasi wuxuu ula ekaaday qoladii shirka hoggaamineysey sidii nin Sheekh ah oo meel culimmo diineed ku dhantahay hadal bidco ah kaga dhawaaqay!

1.3 Tacliinta

Xagga tacliinta, sidoo kale, waxaa la soo jeediyey in ardada Soomaaliyeed oo debedda waxbarashada loogu dirayo loo diro dalalka hantiwadaagga ah, sidaas oo loo yeelayey in laga baqayey in haddii loo diro dalalka hantigoosadka ah ay la soo noqdaan fikrad hantigoosi.

Arrintaas waxaan ka iri i nay an fikraddaasi ila ahayn mid habboon, oo ay igala fiicanaan lahayd in arday walba, oo debedda loo dirayo, loo diro meesha culuunta uu baranayo ugu wanaagsan, meeshaasi ha ahaato dal hantiwadaag ah ama mid hantigoosad ahe. Waxaan kale oo intaas raacshey inayan shardi ahayn in qofku meesha uu wax ku soo bartay fikradaha laga haysto soo qaadanayo ee ayba dhici karto inuu fikrad kuwaas ka horjeedda la yimaado. Arrintaas waxaan mitaal ugu soo qaatay Karl Marx oo ku soo ababay dal hantigoosad ah, ahaana nin Yuhuudi ah oo qoladiisu hanti jecaylka caan ku tahay, hase ahaatee la yimid fikradda shuyuuciyadda oo ka horjeedda tii hantigoosadka ee degaankiisa laga haystey.

Waagaas waxaa caan ahaa hadal laga weriyey madaxweynihii hore ee Senagal, Senghor oo yiri: "Anigu markii aan rabo inaan diyaarsho dad hantiwadaag aamminsan waxaan u dirayaa dal hantigoosad ah, markii aan rabo inaan diyaarsho dad hantigoosad aamminsanna waxaan u dirayaa dal hantiwadaag ah". Micnuhu waxaa weeye in qofku markii uu arko iimaha nidaamka siyaasadeed ee laga haysto meesha uu wax ku baranayo uu nacayo oo uu markaas u bayrayo xagga fikradda siyaasadeed ee taas ka horjeedda.

Hadalkii aan iri, oo ahaa in Marx uu Yuhuudi ahaa, waxaa loo awiley micne aanan ula jeedin, oo ahaa mid diineed, iyagoo u fasirtay inaan dadka Soomaaliyeed ooYuhuudda fikrad gaar ah ka qaba, aan kaga didinayey ninkaas iyo fikraddii uu keenay. Markaas kaddib shirkii laysugu yimaadaba waxaa la oran jirey: Ma ogtihiin in Yuusuf uu Marx Yuhuudi ku sheegayi! Dadkii hadaalkaas igu qoonsaday Madaxweynuhu ka mid buu ahaa. Run ahaanta anigu hadalkaas waxaan ula jeedey inaan iraahdo inayan shardi ahayn in qofku meesha uu ku barbaaray ama uu wax ku soo bartay uu fikradda laga haysto raacayo, saa Marxba dhalashadiisuYuhuud bay ahayd oo caan ku ah dhabcaalnimo xad dhaaf ah, wuxuuna ku dhex noolaa degaan hantigoosad ah, haddana wuxuu la yimid fikrad liddi ku ah tii degaankiisa.laga aamminsanaa. Taas waxaan ula dan lahaa inaan sheego inyan shardi ahayn in ardayga Soomaaliyeed uu soo qaadanayo fikradda laga haysto degaanka uu wax ku soo bartay, laylamase garannin. Arrintu waxaad mooddaa inay noqotay sidii Cali-Dhuux yiri:

" Dhankii aan u iri wakaa Qamaan dhaafay hadalkiiye", ama sidii oraahda Soomaaliyeed lahayd: "Hashu hadday maqaarka diidayso meelo daldaloolay ka daydaa".

2. Shirkii Madaxweynuhu la Yeeshay Taqaatiirta

Wax yar kaddib markii hantiwadaagga lagu dhawaaqay ayaa Madaxweynuhu shir isugu yeeray taqaatiirta iyo daawoyaqaannada dalka. Danta shirka laga lahaa waxay ahayd in taqaatiirta la tusaaleeyo waxa ay yihiin waajibaadka saaran taqtar dal hantiwadaag ah ka shaqaynaya.

Shirka waxaa furay Ismaaciil Cali Obokor oo markaas ahaa Wasiirka Warfaafinta. Wasiirku si xun buu u dhaleeceeyey taqaatiirta oo uu ku tilmaamay inay ahaayeen kuwo dantooda oo keli ah ka fekera. Madaxweynaha, oo markaas kaddib hadalkii qaatay, kuma uusan raacin wasiirka dhaliishaas, ee wuxuu ammaanay dowrka wax ku oolka ah oo ay taqaatiirtu kaga jirtey gudashada waajibaadka qaranka. Intaas kaddib Madaxweynuhu wuxuu sheegay in taqtarka dal hantiwadaag ah ka shaqaynaya la rabo inuu u shaqeeyo si nafti hurennimo ah, isagoo iska illoobya wax la yiraahdo shaqo gaar ah, waqtigiisoo dhanna siinaya hawsha caafimaadka ee dawladdu waddo. Arrintaasi waxay gogol dhig u ahayd mamnuucidda rugihii caafimaadka oo gaarka ahaa oo taqaatiirta u furnaa. Markii ay arrintu halkaas maraysey ayaan waxaan iri: " Oo haddii ay dhacdo sabab aan taqtarku uga shaqayn karin xaruma caafimaadka ee dawladda, sida haddii, sabab kastaba ha ahaatee, shaqada laga saaro amaba uu isagu jeclaysto inuu si gaar u shaqaysto, maxaa la falayaa? Madaxweynuhu jawaabtii lama raagine wuxuu yiri: "Kaas mekaanig baan ka dhigaynnaa, haddii uusan sidaas raalli ku noqonna labo baasaboor baan siinaynnaa ee meeshuu rabo ha aado". Waan filayaa inay jireen dad aan sidaas raalli ku noqon, hase ahaatee ma maqal cid labadii baasaboor la siiyey!.

Jawaabtaas- waa yaabka yaabkiise- rag taqaatiirta ka mid ahaa baa u sacbiyey, laakiin aan filayo inay gadaal uga qoomamoodeen markii, muddo kaddib, ay inta' mushaarradii qiimo beeleen, ay waayeen meel kale oo wax ka soo galaan. Sanooyin badan bay qaadatay si mar kale taqaatiirta loogu oggolaado furashada rugo caafimaad oo gaar ah.

Isla goobtaas, Madaxweynuhu wuxuu kale oo Kacaanka ku ammaanay dhismaha taallooyinkii loo dhisay dadkii go bannimada dalka u soo halgamey, sida taallada SYL iyo tan Dhagaxtuur (kuwa Sayid Maxamed iyo Axmed-Gurey markaas weli lama dhisin). Waxaan arrintaas ka iri: "Inkastoo aan qiimaynayo sharrifaadda la sharrifay halgamayaashii qaranka, haddana waqtigaan waxaa igala wanaagsanaan lahaa dhismaha taallooyinkaas in kharajka ku baxay la geliyo isbitaallada iyo dugsiyada wax ka qabashada degdegta ah u baahan". Madaxweynuhu wuxuu iigu jawaabey: "Taallooyinkana waan dhisaynnaa isbitaallada iyo dugsiyada waan hagaajineynnaa". Run ahaanta in badan baa laga qabtay labada arrimood ee dambe oo aan soo hadal qaaday.

3. Hanuunintii Dugsiga Xalane

Taasi waxay ahayd waxyaalihii Kacaanku xoogga badan dul saaray oo uu uga dan lahaa in shaqaalaha dawladda, heer kastaba ha ahaadee, halkaas lagu siiyo jihayn siyaasadeed. Anigu waxaan ka mid ahaa shaqaalihii xaruntaas lagu xereeyey sanadkii 1972kii, muddo saddex bilood ah. Doodihii aan halkaas ka soo jeedin jirey, madaxda sare hortooda, waxay ka mid ahaayeen waxyaalihii laygu qoonsaday oo horseeday xiriddayda.

4. Hanuunintii Macallimiinta Jaamacadda

Goor aan filayo inay ahayd caaradkii sanadkii 1976kii, ayaa waxaa la go'aamiyey in macallimiinta Jaamacadda, gaar ahaan, lagu xereeyo Xarunta Xalane, taasoo looga dan lahaa in halkaas lagu siiyo jihayn fikradeed, maadaama ay ahaayeen kuwii soo saarayey aqoonyahannada dalka. Sababta sidaas loo yeelay waxay ahayd in macallimiinta laga qabey fikrad ah inayan Kacaanka la haynnin. Fikraddaas abuuristeeda waxaad mooddaa inuu qayb weyn ka qaatay Cabdirraxmaan Caydiid (R/Laas Caanood) oo markaas ahaa guddoomiyaha Jaamacadda Ummadda. Ninkaasi wuxuu ka mid ahaa dadkii sheegan jirey aamminsanaanta fikradda shuyuuciga, ama xataa haddii ayan aamminsanayn muujin jireen inay rumaysnaayeen fikraddaas. Taasi waxay dhashay in macallimiinta Jaamacadda muddo saddex bilood ah lagu xereeyo Xarunta Xalane, halkaasoo lagu siiyey hanuunin gaar ah oo ku saabsanayd aragtida shuyuuciyiadda. Arrintaasi la yaab ma lahayn markii la eego siyaalaha waagaas wax u socdeen. Kacaanku ma oggolaan karin in xarunta laga soo saarayo aqoonyahannada dalka ay gacanta ku hayaan macallimiin aan si buuxda u raacsanayn aragtida siyaasadeed ee markaas la hir gelinayey. Arrintaas iyada ah dood baa nagu dhex martay aniga iyo Guddoomiyihii Jaamacadda oo malaha ii arkayey inaan ahaa nin kari waa ah. Waa wax la fili karo inuu fikraddaas uu iga qabey gaarsiiyey madaxda sare ee dalka oo ay iyaga laftigooda na soo dhex mareen doodihii qallafsanaa oo aan soo sheegay. Dadku waxay isla dhex marayeen - iyaga iyo Allohoode- inuu taladii xiriddayda ka qayb qaatay.

Sida la ogsoonyahay ninkaasi, markii Sofiyeetka laysku xumaaday, wuxuu u wareegey dalka Xabashida, halkaasoo uu ku biiray kooxihii mucaaradka ahaa oo dalkaas joogey. Dabadeed waxaa la sheegay in halkaas siyaalo mugdi ku jiro loogu diley.

Haddii aan u soo bayro waxyaalihii dhacay muddadii hanuunintu socotey, waxaa naloo keenay macallimiin Ruush ah oo qaarkood na bari jirey fikradda shuyuuciga, qaarkoodna dhaqaalaha hantiwadaagga, qaar kalena habka abaabulka xisbi shuyuuci ah. Ninkii na bari jirey aragtida shuyuuciyadda waxaa la oran jirey Patalov, wuxuuna ahaa nin aftahan ah oo wax jeedinta aad ugu fiican, hase ahaatee aan u barannin in waxa uu sheegayo lagala doodo. Haddaba, waxaa dhici jirey in mararka qaarkood ay doodo kululi ka furmaan waxyaalihii uu soo jeedinayey, taasoo ku noqon jirtey filan waa. Waxaan xusuusnahay inuu maalin maalmaha ka mid ah ka hadlay sidii askartii Jarmalkii Naasigu ay u layn jirtey dadka rayadka ah, iyagoo fulinaya amarka madaxdooda sare, taasoo uu u arkayey wax aan bannaanayn. Sida ay isaga la ahayd, askariga haddii la siiyo amar banii-aadamnimada ka hor jeeda waxaa waajibkiisu yahay inuu diido. Markaas baan waxaan iri: "Bal malee haddii dalalka hantigoosadku idinku soo weeraraan hubka atoomigga oo aad markaas ka fursan weydaan inaad hub kaa la mid ah ugu jawaabtaan. Halkaas marka arrintu marayso, askarigiinna hubkaas ridaya, oo og in dad badan oo rayad ah oo aan waxba galabsani ku dhiman doonaan, ma diidi karaa amarka rididda ee la siiyey"? Su'aashaasi waxay noqotay mid meel sirgaxan kaga timid oo aan siinnin kansho uu jawaabta uga fakaro. Jawaabtiisii waxy noqotay inuu yiri: "Annagu, haddii nala soo weeraro, xaq baan u leennahay inaan is daafacno". Sida muuqata haddiiba wuu ka leexday fikraddiisii ahayd inaan askarigu fulinnin amarka qaldan ee madaxdiisu siinayso! Jawaabtaasi waxay u ektahay tii qaalligii isagoo gacanta ku haya xukunka arrin beer xoolo daaqeen loo sheegay in arigiisu ku jirey xoolaha beerta daaqay, oo markaas yiri: "La jiifiyaana bannaan"!

Macallinkii abaabulka xisbiga na barayey waxyaalihii yaabka lahaa oo uu halkaas ka soo jeediyey waxaan ka xusuustaa inuu mitaal noogu keenay dalka Mongoolya oo uu yiri xisbiga shuyuuciga ee dalkaasi wuxuu ka kooban yahay 2-3% oo keli ah ee dadka dalkaas deggan, haddana isagaa dalkaas xukuma. Fartiinta hadalkaas ku jirtey waxay ahayd in koox aad u yar oo shuyuuci ahi ay xaq u yeelan kartey inay, inta' xukunka qabsato, markaas ku amar ku taaglayso dal dadka deggan badidi ayan raacsanayn xisbigaas. Haddeed waad garan kartaan fartiinta gurracan oo ay fikraddaasi u gudbineysey madaxdii markaas dalka xukumaysey, fartiintaas oo ahayd mid u xalaalaynaysey tiradii yarayd ee kacaannimada sheeganaysey inay dadka iyo dalkaba siday doonto u muquunin kartey.

Hanuunintaas markii imtixaankeedii la qaadayey waxaa hawshaas guddoominayey Cabdulqaadir Xaaji Masalle. Su'aalihii imtixaanka waxaa ka mid ahaa: Hantiwadagga iyo Diinta Islaamku mayska horjeedaan? Madaxweynuhu wuxuu marar badan ku celceliyey inaan qaadashada hantiwadaagga micneheedu ahayn inaan diintayada ka tegeynno, ee aan hantiwadaagga u qaadannay hab dhaqaale ahaan, diintayadana aan sideedii u haysanaynno. Hadalkaasi, si kastaba ha loola jeedee, wuxuu ahaa mid aan laga didin.

Haddaba, haddaan usoo laabto su'aashii ku saabsanayd hantiwadaagga iyo diinta, waxaan weydiiyey Cabdulqaadir Xaaji: "Ma waxaa su'aasha loola jeedaa sida ay dalalka shuyuucigu arrintaas ka qabaan mase sida Madaxweynuhu sheegay in dalkeenna laysugu wadayo labadaas arrimood"? Su'aashaydii wuxuu uga jawaabey sidatan: "Su'aashu way caddahay, haddiise aad adigu wax kale wadatid ad lee waaye ". Waa iska caddayd in jawaab kasta oo uu su'aashaas ka baxshaa ayan labada dhinac wada raalli gelin karin, sidaas awgeedna uu door biday inuusan su'aasha ka jawaabin, isagoo ku carnal falay oraahdii Soomaaliyeed oo lahayd "Nin aammusan lama xujeeyo".

Sida ay aniga jawaabtu iigu muuqatey waxay ahayd inaan dalalka shuyuuciga wax diin la yiraahdaba laga oggolayn, maadaama ay kulligood ku socdeen fikradda Ilaah-diidka (Ilxaad), iyadoo dhinaca kale aan Soomaalidu diinteedii xoorin markii la yiri hantiwadaag baa la qaatay. Taas micneheedu maaha inaan Dawladdu cadaadis badan ku haynnin dadkii ku hawllanaa hirgelinta hawlaha diinta. Hase ahaatee waxba wax bay dhaamaan!

Hadal arrintaas la xiriira ayaa nin xog ogaal ahi ii sheegay, hadalkaasoo ahaa in Madaxweynuhu meel shir ah, oo uu ninka hadalka ii sgeegay joogey, uu ka sheegay in Sofiyeetku ay isaga weydiisteen in la fuliyo dhawr arrimood oo ay wateen, oo uu yiri qaarkoodna waa laga yeelay qaar kalena waa laga diidey. Kuwa la sheegay in laga diidey waxaa ka mid ahaa xooridda Diinta Islamka.

Intii hanuunintaasi socotey waxaa macallimiinta loo geysanayey ihaanooyin badan. Ihaanooyinkaas waxa ka mid ahaa in la geeyo goleyaasha hanuuninta, halkaasoo ay joogeen dad gurdanraac ah oo xilkooda ugu weyni ahaa usacbinta madaxda. Mararka qaarkood waxaa naloo soo uruurin jirey dad aqoontoodu heer aad u hooseeya ahayd oo loo keeni jirey inay na siiyaan duruus hantiwadaagga la xiriirta. Mid kulammadaas ka mid ahaa oo ka dhacay golaha hanuuninta ee Kahraan, waxaa ka mid ahaa dadkii dersiga hantiwadaagga na siinayey nin uu Ol-olihii tirtiridda akhris-qoris la'aantu ugu horreyey waxbarashaba. Dhaqanka noocaas ahi wuxuu ka marag kacayey oraahdii Kacaanka oo lahayd: " Maxaad taqaan ma rabnee, maxaad aamminsantahay baan rabnaa"

5. Hanuunintii Dugsiga Sare ee Booliska

Waxaad mooddaa in wareegyadii hanuuninta ee isdaba joogga ahaa oo lagu qaban jirey Dugsiga Xalane ay kafeyn waayeen dantii laga lahaa. Sidaas awgeed baa tababar hanuunineed isagana laga furay Dugsiga Sare ee Booliska. Tababarradaas hanuunintu, meel kastaba ha lagu qabtee, waxay socon jireen mbddo saddex bilood ah, inta ay socdaanna qofka tababarka ku jira waxaa laga jari jirey qayb ka mid ah mushaarkii yaraa oo uu qaadan jirey (sidii uu isagu tababarkaas jinni ku saarka ah dalbay oo kale).

Waxaan filayaa in aniga la ii arkay inaan ahaa "Magudbe" aan ku guulaysannin labadii tababar ee hore, kii Xalane iyo kii macallimiinta Jaamcadda, sidaas awgeedna kan cusub ee booliskana laygu daray.

Waqti badan ku luminmayo waxyaalihii halkaas laga soo jeedinayey oo u ekaa kuwii laga soo jeedin jirey tababarradii aan horay usoo maray. Waxaan rabaa inaan xuso oo keli ah dood halkaas nagu dhex martay aniga iyo Cabdulqaadir Xaaji Masalle. Si, si fiican loogu fahmo saldhigga dooddaas ay aan soo hor marinayaa gogoldhiggeedii oo ahaa sidatan: Goor ku dhoweyd markii tababarkaas la qabanayey ayaan waxaan akhriyey waraysi lala yeeshay Maxamed Xasaneyn Heykal oo ahaa fekeraagii nidaamkii Jamaal Cabdinaasir ee Masar. Waraysigaas waxaa lagu weydiiyey: "Maxaa Jamaal Cabdinaasir ugu guuleysan waayey inuu dhiso urur siyaasadeed oo meel mar ah, isagoo weliba si weyn isugu shuqliyey arrintaas"? Heykal labo sababood buu u saariyey fashalkaas, oo ahaa kuwa soo socda:

a) Sababta koowaad oo uu sheegay waxay ahayd: In madaxdii xisbigii markaas dalka xukumayey, oo dowrkooda weyni ahaa inay dawladda kormeeraan oo qaladyadeeda saxaan, ay isla mar ahaantaas ahaayeen madaxdii sare ee maamulka dawladda. Marka waa wax aan suuro gal noqon karin in ninka madaxda ahi uu isku mar ahaado "Hawlfuliye" iyo "Isasexe". Qofka wax saxayaa waa inuu maamulka uu saxayo debedda ka joogo.

b) Sababta labaad oo uu sheegayna waxay ahayd in dadkii aqoonyahanka ahaa ee dalkaas u dhashay ay u qaybsameen wax dalka ka cararay iyo wax iska aammusay. Sidaas awgeed, buu yiri, ayaa xisbiga hoggaamintiisii waxay gacania u gashay dad aan xilkaas u qalmin.

Gogoldhiggaas markii aan jeediyey kaddib ayaan Cabadulqaadir waxaan weydiiyey haddii ay isaga iyo jaallayaashii ay dalka wada hoggaaminayeen ay arrimahaas oo kale la soo gudboonaadeen. Su'aashu ma ahayn "Iska dheh" ee waxay ku salaysnayd dareen jirey oo ahaa in Soomaaliyana ay ka jirtey xaalad la mid ah tan Haykal ka soo sheekeeyey. Wuxuu iigu jawaabey: "Maadaama aad adiguba xog ogaal u tahay waxa dalka ka dhacaya adiguba ka jawaab su'aasha". Runtiis bay ahayd inaan xog ogaal u ahaa sida wax u socdeen inkastoo uu isagu iiga sii xog ogaalsanaa oo laga filayey inuu iftiinsho haddii dhibaatooyinkii abaabulka siyaasadeed ee Masar soo martay aan innaguna soo marnay iyo haddii kale.

6. Khudbadii Madaxweynaha ee Dugsiga Xalane

Waxaa caado ahayd in Madaxweynuhu khudbad ka jeediyo goobaha hawlaha waaweyn ee dawladdu culayska saaraysey ka socdeen. Maalin ka mid ahayd muddadii aan Dugsiga Xalane ku jirey ayuu Madaxweynuhu halkaas khudbad dheer ka jeediyey. Khudbaddaas gudeheedii dhawr goor buu magacayga si dhaliili ku jirto usoo hadal qaaday, oo aan hadda ka xusuusnahay labada soo socda:

a) Markii uu Madaxweynhu ka sheekeeyey hawlihii Kacaanku qabtay buu wuxuu yiri: " Maxaa Yuusuf u diidey inuu hawlahaas qiimaha leh oo la fuliyey uu qiro? Run ahaanta ma jirin meel aan anigu ku inkiray waxyaalihii wax ku oolka ahaa oo Kacaanku fuliyey.

b) Mar kale wuxuu ka faallooday sida ay xorriyadda ra'yi dhiibashadu u furnayd oo wuxuu yiri: "Yuusuf ba Marx buu Yuhuudi ku sheegay cidina waxba uma raacannin"!. Hase ahaatee, muddo gaaban kaddib, markii u hadaalkaas loo qaadan karey in xorriyadda oraahdu ay furantahay uu ku qawlay, ayaa xabsiga la ii taxaabay.

Sababaha aan kor ku xusay iyo kuwo kale oo la mid ahaa ayaa loo aaneeyey xiriddaydii. Dadka qaarki wuxuu oran karaa: Oo waxaasi ma wax laysku xiraa?

Hase ahaatee, qofkii waagaas joogey oo ogaa sida wax u socdeen, malaha wuxuuba igu cawryi karaa in anigoo intaas oo dhan iri labo sano oo wax dhimman oo keli ah lay xiray!

Intii aan lay xirin dhawr digniinood bay isoo gaarsiiyeen dad aan saaxiib nahay oo dareemay in laygu soo maqanyahay, dadkaasoo ay ka mid ahaayeen Dr. Maxamed Aadan Sheekh, Wasiirkii hore ee Caafimaadkia iyo Dr.Dahabo Faarax, hormuudkii hore ee Kulliyadda Luqadaha. Labaduba waxay ii soo sheegeen in Madaxweynuhu uu lahaa: "Yuusuf maxaa Kacaanka ku diray?". Malaha su'aashu waxay ku fiicnayd in xagga kale loo rogo oo la yiraahdo: "Kacaanka maxaa Yuusuf ku diray?", maadaama ayan jirin wax aan anigu Kacaanka u dhimay. Arrintu miyaysan u ekayn sida oraahda Soomaaliyeed sheegeyso oo ah " Madko kala ciye tu dhab daranse Allaa og". Baaqyadaas Madaxweynuhu iska dheh ma ahayn, ee fartiimo ayay xambaarsanaayeen, kuwaasoo ahaa inaan ogaado in isha laygu hayo oo aan iska daayo doodaha aan la jeclayn iyo inaan soo hoydo oo cudadaar soo qaddimo. Waxaad mooddaa in fartimahaasi i seegeen - saan illaa doodihiina ma joojinnin, cudadaarna ma soo qaddimine - oo markaas natiijadii noqotay sidii Sayidku yiri: "Ma dubbeynney Reer Bari wuxuu doonayuu helaye", taasoo ahayd in lay xiray.

FASALKA SADDEXAAD:
Xabsiga Laanta Buur

Laanta Buur waa meel 40 km u jirta Xamar oo ku taal dhinaca bidix ee jidka Marka loo aado. Curcur halkaas ku taalla ayaa waxaa laga dhisay xabsi siyaasadeed oo aad u qaad weyn oo malaha loogu talo galay inaan meel looga waayin cid kasta oo lays yiraahdo waa kacaandiid!. Marka laga fiirsho xagga jidka laamiga ah, waxaa xabsigu u muuqan jirey sidii magaalo yar oo bilic san. Halkaas bay ahayd meeshii nala geeyey, aniga iyo dadkii isku habeenka nala wada qabtay. Ma wada xusuusni dadkaas magacyadoodii iyo degaammadoodii asliga ahaa, balse waxaan isku deyayaa inaan sheego wixii aan arrintaas ka xusuusnahay. Marka aan iraahdo qolkaas oo reer meel hebla ah ulama jeedo in qofkaasi uu ku dhashay amaba uu degganaa meesha aan sheegay, ee waxaan ku wadaa inay meeshaasi ahayd tan aan is iri waa tan uu asal ahaan ka soo jeedey. Taasi malaha waxay dhaanta inaan iraahdo reer hebel buu ahaa, oo aanan iyadana hubin. Qofqofkii aad caanka u ahaa, oo dadka badidi yiqiinney, iskuma aanan dhibin inaan sheego meesha uu ka yimid.

Haddaba, dadkii habeenkaa nala wada qabtay waxaa ka mid ahaa:

1. Yuusuf Cismaan Samantar "Bardacad", aqoonyahan, curiye fikradda hantiwadaagga ee Soomaaliya gudeheeda;
2. Maxamed Faarax Baashane, (Reer Qardho), jaamici, xeer-ilaaliyihe hore ee dawladda;
3. Jabax (R/Mataban), jaamici;
4. Cabdi Gaajo, (R/Qardho), ganacsade;
5. Yuusuf Cismaan Gurey, (R/Hobyo), ganacsade;
6. Cabdi Cigaal, (R/Hobyo), ganacsade;
7. Omar Xaji (R/Gaalkacyo), sarkaal maamulka dawladda;
8. Maxamed Xareed (?) (R/Matabaan), ganacsade, sarkaal hore ee bankiyada (?)
9. Maxamuud Maxamed Yaxye, (R/Gaalkacyo), ku-xigeen duqa magaalda Xamar;
10. Xaaji Naasir, (R/Hargeysa), ganacsade;
11. Cali Cambe, (R/Hargeysa), sarkaal maamulka dawladda;
12. Cabirraxmaan Xaaji Cabdi Gole "Aswad" (R/Gaalkacyo), sarkaal sare ee maamulka dawladda;
13. Xaaji Wilson (R/Hargeysa), ganacsade;
14. Cabdi Diiriye Warsame Dhawre? (R/Gaalkacyo), ganacsade;
15. Maxamed/Najiib Xaaji Cali Mire, (R/Gaalkacyo), arday;
16. Cadulwaaxid (R/Laas Caanood), arday;
17. Cabirraxmaan, (R/Qardho), arday;

(Saddexdaan arday waxay ka mid ahaayeen dadkii Tafsiirka Quraanka ka dhegeysan jirey Sheekh Maxamed Macallin, Masaajidka Cabdulqaadir)

Dadkii habeenkaas la soo qabtay waxaa kale oo ka mid ahaa saddex nin oo ka mid ahaa xerta dariiqooyinka oo siyaaro ka uruursanayey Gobolka Galguduud oo uu ka mid ahaa nin la yiraahdo Kahliif oo R/Caabudwaaq ah. Ninkaas sababta loo soo xiray waxaa lagu sheegay inay ahayd in marwada Madaxweynahu ay qoonsatay hadal la yiri waa uu yiri.

Dadkaas waxaa kale oo ka mid ahaa saddex inan oo yaryar oo la sheegay in midkood uu ku yiri gabar ka mid ahayd kuwii ku taxnaa goleyaasha hanuuninta oo dhar gantooban qabtey: "Naa is astur". Wiilkaas isla markiiba waa la soo qabtay, isaga iyo labo wiil oo kale oo saaxibbadiis ahaa oo aan waxba galabsan.

Waxaa isna ka mid ahaa dadka laxiray arday ka mid ahaa dhallinyaradii ku taxnayd xurumaha diinta oo aanan xusuusnayn meesha uu ka soo jeedey.

Dadkii liiska xiridda ku jirey oo habeenkaas la waayey waxaa ka mid ahaa Cabdulqaadir Sheekh Maxamuud "Ganey" oo ka mid ahaa hoggaamiyeyaashii dhaqdhaqaaqa Islaamiga ee Soomaaliya, oo uu qoruhu adeer u yahay. Ninkaasi ayaamo yar qabashada ka hor buu dal ka baxay oo wuxuu tegey dalka Sucuudiga, halkaasoo ay suuro gashay inuu ka qalin jebiyo Jaamacadda Makka, dabadeedna uu ka qaato shahaado takhasus oo la xiriirta Diraasaadka Islaamka.

Habka Nolosha Xabsiga

Intayadii habeenkaas la qabtay waxaa laysugu geeyey hal qayb oo xabsiga ka mid ahayd oo heeraar gaar ah lahayd oo ka koobnayd labo qol oo waaweyn. Markii laysu kaaya keenay waxaan isku shuqlinnay inaan garanno eedda aan wadaagno oo sababteeda halka meel naloo ku soo uuurshey. Maadaama aannan wax jawaab ah u helin su'aashaas waxay noola ekaatay in waxa keli ah oo naga dhexeeyey ay ahaayeen in naloo arkayey inaannan Kacaanka la haynnin.

Haddaan wax ka iraahdo sida naloola dhaqmi jirey, ma jirin wax cadaadis gaar ah oo nala dul saaray ama dibindaabyo ah oo naloo geystey. Waxaa nala siin jirey raashin wanaagsan oo lagu sheegay inuu ahaa kan la siin jirey dadkii siyaasadda u xirnaa, kaasoo isugu jirey bariid, baasto, hilib iwl. Dadka kale waxaa la siin jirey "Shuura" oo ahayd badar la shiidey iyo caano ciir ah. Waxaa kale oo naloo oggolaa in qoysaskayaga oo Xamar joogey ay toddobaadkiiba mar noo keenaan cunno, dhar iyo wixii kale oo aan u baahanno, in kastoo aan naloo oggolaan jirin inaan is aragno. Laga bilaabo marka qorraxdu soo baxdo ilaa ay ka dhacdo waxaan joogi jimey daydka weyn ee qaybtayada, halkaasoo ay ku yiilleen geedo qurac ah oo la harsado. Arrintaasi waxay noo suuro gelisey inaan wax kala faa'iideysanno oo qot waliba waxii uu yiqiin uu u gudbyio inta kale. Raggii culimmada ahaa oo nagu jirey dowr wanaagsan bay ka cayaareen hawshaas aqoon is weydaarsiga. Taasi waxay u suuro gelisey dad badan oo aan awal diinta u dhuun daloolini inay fahmaan arrimo badan oo ka daahnaa oo ay markaas wax ka beddelaan aragtidoodii iyo habkoodii nololeedba. Markii nala xereeyo, maqribkii, waxaa noo bilaaban jirey muxaadaraad cilmi oo ku saabsan laamaha kala duwan ee culuunta.

Hadalka oo kooban, waxaan oran karaa in munaasabaddaasi noola mid ahayd annagoo ku jirna jaamacad furuuco kala duwan leh. Waxaa dadaalkaas aqoon kororsiga noo sii sahli jirey helidda kutub kala duwan iyo waxyaalo kale oo la akhristo.

Waxaa jirta maahmaah Talyaani ah oo leh: " Non tuuti i mali vengono a nuocere " oo micneheedu yahay (dhibaatooyinka oo dhammi la yimaadaan waxyeello keli ah) ee waxaa ka mid ah kuwo waxyeellada ka sokow wax faa'iido ahna keena. Haddaba faa'iidooyinka xabsiga laga helo waxaa ka mid ah in qofku waqti ku filan u helo inuu fekero si uu u fahmo waxyaalaha ka dhacaya koonka ku heeraaran, guud ahaan, iyo dhacdaalaha taariikhda, gaar ahaan, iyo inuu kansho u helo inuu akhristo waxyaalo uusan waqti u heleen akhrintooda haddii uu debedda joogi lahaa.

Aniga waxyaalihii xabsiga iigu suuro galay waxaa ka mid ahaa akhrisashada dhawr buug oo siyaasadda la xiriira oo ay ka mid ahaayeen kuwa soo socda:

1. Al-Muhaajiruun

Kaasi wuxuu ahaa buug oo uu qoray qoraa R/Lubnaan ahaa oo la oran jirey Salliim Al-loozi. Buugga magiciisu wuxuu ku salaysanyahay dadkii Carabta ahaa oo ka haajirey dalalkooda, sababta nidaamyadii siyaasadeed ee cabburiska ahaa oo ka jirey waddammadooda, sida Masar, Ciraaq iyo Suuriya oo ay, gaar ahaan, buugga qisadiisa inteeda badani ku salaysnayd. Ninkaas oo aftahan ahaa waxba ulama uusan harin nidaamyadii qallafsanaa ee aaggaas ka jirey. Buuggu wuxuu xusay in dad badan oo ka mid ahaa kuwii dalalkooda sababtaas uga haajirey ay Yurub degeen oo ay halkaas ka heleen wixii ay dalalkooda ka waayeen, oo ahaa xorriyad iyo hantiba. Waa kuwaas kuwa uu qoraagu buugga cinwaanka uga dhigay (Al-muhaajiruun). Buugga waxaa qoraagu ku soo arooriyey oraah si fiican u tilmaamaysa dhaqanka siyaasadeed ee dalalka Carabta. Oraahdaasi waxay ahayd: " Ninka siyaasiga ah ee dalalka R/Galbeedku wuxuu ka dheexeyaa dawladda iyo mucaaradka, oo markii xisbigiisu doorashada ku adkaadana dawladda ayuu gelayaa markii laga adkaadana mucaarad buu noqonayaa. Siyaasiga dalalka Carbeed isagu - buu yiri qoraagu- wuxuu ka dheexeyaa dawladda iyo qabriga". Sababta ay arrintu sidaas u tahay waxay aniga iigu muuqataa in siyaasiga Carbeed, iyo guud ahaanba kuwa caalamka saddexaad oo dhammi, ay marka horeba xukunka xoog ku qabsadaan inta ay haystaanna ay gacan bir ah ku hayaan. Marka xukunka laga xayuubiyo kuwa talada ka marooqsaday garni' mayaan ilaa ay kuwii hore qabriga kaga hubsadaan. Arrintu waa sidii maahmaahdii Latiinku lahayd: "Moris tua vitae mea" oo micneheedu yahay (dhimashadaadu waa noloshayda).

2. The Man Died (Ninkii wuu dhintay)

Kaasi wuxuu ahaa cinwaanka buug laga qoray dagaalkii sokeeye ee Nijeerya oo ka dhashay goosashadii gobolka bataroolka hodonka ku ah ee Biyaafara. Ninka qisada buuggu ku salaysantahay wuxuu ahaa aqoonyahan ka soo hor jeedey sidii dawladdu u maamuleysey dagaalka sokeeye. Fikradihiisii mucaaradka ahaa waxay dhaxalsiiyeen in la xiray oo uu xabsiga ku dhintay.

3. Processo di Praga (Maxkamadayntii Paraga)

Paraga waxay ahayd caasimadda Jekoslofaakiya oo ahayd dal shuyuuci ah.

Buuggaas waxaan filayaa inuu qoray nin la oran jirey Arthur London amaba ay qisadu isaga ku socotey. Qisadaas, oo ah mid run ahaan u dhacday, waxay ka warramaysaa mid ka mid ah xadgudubyadii ka dhacayey halkaas, intii ay shuyuuciyaddu dalkaas haysatey. Waxaa dalkaas ka jirtey koox shuyuuci ahayd oo nidaamkaas u aamminsanayd sidii qurxoonayd oo uu buugagga ugu qomaa, laakiin aadka uga fogayd sida uu run ahaanta ahaa. Kooxdaasi waxay arrimaha xisbiga iyo dalka uga hadli jirtey si d'aacad ah oo waafaqsan wixii buugagga shuyuuciyadda ku yiil. Hase ahaatee, dadkii markaas dalkaas maamulayey waxay mowqifkaas u arkayeen mid ka horjeeda khadka xisbiga iyo go'aammada madaxda oo ahaa kuwo aan dood geli karin. Sidaas awgeed xisbigii waxaa lagama maarmaan la noqotay in kooxdaas gacan bir ah lagu qabto.

Mu sugi karo noocii xukunka ahaa oo kooxdaas lagu xukumay, hase ahaatee waxaa la wada ogyahay qallayfka uu nidaam shuyuuci ah oo waqtigaas jirey kula dhaqmi jirey qof siyaasad ku eedaysan iyo xukunka adag oo lagu xukumi jirey. Xukunkaasi wuxuu u dhexayn jirey dil, ama qofkii nasiib leh, xabsi daa'im ah iyo silicdilyo joogto ah. Waxaan aad uga xusuustaa akhriskii buuggaas sidii loo dibindaabyeyn jirey raggii kooxdaas ka midka ahaa oo la xiray. Sida qisadu sheegtay, nimankaas waxaa lagu hayey qolal meel laga eego leh, si had iyo jeer isha loogu hayo, taasoo danta ugu weyn oo laga lahaa ahayd in habeenkii hurdada loo diido. Waxaa lagu shidi jirey nal aad u xoog badan oo qofka, xataa haddii aan dhib kale lagu haynnin, aan u oggolaan jirin inuu lado. Waxaa intaas ka sii darnaa inaan loo oggolaan jirin inay fariistaan, oo haddii la arko iyagoo fadhiya ay mutaysan jireen ciqaab daran. Waxyaalihii yaabka lahaa, oo mid raggaas ka mid ahi uu sheegay, waxaa ka mid ahaa inuu aakhirkii bartay inuu seexdo isagoo qolka dhexdiisa hadba dhinac ugu soconaya, oo uu sidaas ku hurdo bogo! Bal idinkuna isku daya oo eega haddii ay arrintaasi suuroobi karto!

Culimmada diintu waxay tiraahdaa "Kufrigu waa hal diin oo qur ah", inkastoo uu magayco kala duwan leeyahay. Waxaan oraahdaas ugu hal qabsaday inaan sheego in nidaamyada cabburisku, summad kastaba ha wateene, (Shuyuuci, Naasi, Fashiiste, Bacath, iwm), ay hababka ay dadka ula dhaqmaan isku mid yihiin. Qisada aan halkaan uga hadlyo waxaa lagu xusay in raggaas shuyuuciga ahaa oo la xiray caddibaaddooda loo adeegsan jiery askartii reer dalkaas oo Gestabada Jarmalku u tababartay cadaadiska dadkii Naasiyadda ka hor jeedey, intii uu Jarmalku dalka Jekoslavkiya haystey.

Bugagga taariikhda markaad akhridid waxaa kuu soo baxaya in Shuyuuciyadda iyo Naasiyaddu ahayeen labo cadaw oo aan is arki karin, hase ahaatee ay ka sinnaayeen dabci uubato, taasoo loo daliishan karo hababka cadaadiska ee isu eg oo ay adeegsan jireen.

Saddexdaas qiso waxaan waqtiga dheer u siiyey waa saamayntii ay igu reebeen iyo sida ay u iftiimiyeen dhaqanka siyaasadeed ee gurracan ee dalalka soo koraya lagu ibtileeyey. Waxay noo noqdeen, aniga iyo dadkii kale oo akhristayba, sidii darsi siyaasadeed oo noo iftiinshey wax badan oo naga daahnaa oo la xiriira indhahabeenada siyaasadeed ee caalamka saddexaad haysata.

Xannaanada Caafimaadka ee Xabsiga

Haddii aan dib ugu soo laabto ka faalloodka nolosha xabsiga, oo ka sheekeynta buugagga kor ku xusani aadka iiga soo bayrisay, waxaan rabaa inaan sheego in qofka xanuunsada la geyn jirey isbitaalka xabsiga, halkaasoo wixii daawo ah oo la heli karo laga siin jirey haddii uu cuius yahayna la seexin jirey. Nasiib wanaag ma jirin qof kooxdayadii ka mid ahaa oo aad u xanuunsaday intii aan xabsigaas ku jirey. Marmar waxaa laygala tashan jirey arrimaha caafimaadka ee maxaabiista, siiba markii uusan taqtarka xabsigu meesha joogin.

Xaaladda Nafsaani ee Maxbuuska

Markii dhibaato lala kulmo dadku isku adkaysan maaha ee waa la kala nugulyahay. Haddaba, iyadoo uusan jirin qof xabsiga ku jiriddiisa ku raaxaysanayey, haddana dadka qaarki si gaar ah ayuu u xammili waayey, ilaa uu heer khalkhal caqli kaga dhowaadey. Guud ahaan dadka xiran oo dhammi waxay ka sinnaayeen filasho siideyn oo aan sal lahayn, siiba munaasabaadka iidaha diineed iyo kuwa qaran, maalinta shaqaalaha adduunka., iwl. Iyadoo arrintaas la xiriirta ay aan waxaan xusuustaa hadal uu yiri nin annaga naga mid ahaa oo xabsigu aad usoo karay. Maalin maalmaha ka mid ah markii aan hurdada ka soo kacnay, oo nala soo ood qaaday, ayuu ninkaasi kooxda hor yimid, isagoo leh: "War xalayto waan sigannay, war xalayto waan sigannay"! Waa la wada yaabay oo waxaa la weydiiyey waxa ay sigashadaasi ahayd, iyadoo lagu yiri: "War miyaa nala layn lahaa"? Wuxuu yiri: "Maya, ee waxaan ku sigannay in nala sii daayo"!

Qamta

Qamtu waxay ahayd qolal gaar ah oo dadka aad loo cadaadinayo la geyn jirey, iyadoo ay haalkaas habeen iyo maalinba ku jiri jireen. Waqtiyo aad u kooban baa debedda loo soo saari jirey si ay xoogaa hawo iyo qorrax ah u qaataan.

Waa la wada garan karaaa xaaladda nafsaani ee raggii "Qamta" ku jirey, mar haddii annagoo aan ciriiri gaar ah nala ku haynnin uu qaarkayo xaalkoodu gaarey heerkii aan soo sheegay.

Is Arag Saraakiil Sare ee Ciidanka Asluubta

Mararka qaarkood waxaa na soo booqan jirey saraakiil sare ee ciidanka xabsiyada, sida Baagadoob oo markaas ahaa taliyaha xabsiga iyo Xasan Axmed Khayrre, oo sheeko iyo kaftanba na dhex mari jireen. In kastoo ay matilayeen dawladdii aan u xirnayn, haddana lama moodi jirin inay naga qabeen isla dareenka colaadeed ee dawladdu naga qabtey.

Sidaasoo kale, markii nala geeyey Labaatan Jirow, ma oran karo in ciidankii halkaas nagu hayey uu ficilo cadaawo oo dheeri ah nagula dhaqmi jirey, iyadoo weliba, sida la ogsoonyahay, uu xabsigaasi ahaa mid loogu talo galay in lagu ciqaabo dadkii aadka loo nebcaa.

Haddaan fiirshey waxaan is iri malaha danta ugu weyn oo xiriddayada laga lahaa waxay ahayd in "takoor fikri" nala ku sameeyo si aannaan fikrado aan la jeclayn ugu gudbinnin dadka kale. Si kale haddaan u iraahdo, waxaa malaha naloo arkayey inaan ahayn sidii dad cudur lays qaadsiiyo oo halis ahi uu ku dhacay, sida daacuun, furuq, geerimadow, iwl, oo markaas la doonayey in laga ilaaliyo inay dadka ka ag dhow qaadsiiyaan. Haddii ay arrintu run ahaan sidaas ahayd, marka ma jirin sabab dibindaabyo kale nalooku geysto.

Dareenkaygu wuxuu i siinayaa in dadka Soomaaliyeed, oo ay ku jirtey askarta dawladda na soo xirtay, ayan shardi ahayn inay naga qabeen isla dareenka dawladdu naga qabtey ama ay si indho la'aan ah ugu hoggaansanaayeen fulinta waxa dawladdu amraysey. Haddii laga reebo ficilada qabiilka, Soomaalidu, sida badan, kuma degdegto ku xadgudubka iyo xumaynta qof aan waxba u dhimin, xataa haddii ay dawladdu sidaas doonayso.

Xiridda Wiilka Madaxweynaha

Dalalka soo koraya caado uma aha in la xiro xubno ka mid ah qoyska markaas xukunka haysta oo haddana weliba lagu xiro meesha lagu xiray dadka nidaamka markaas jiraa uu u arkayo cadaw. Hase ahaatee taasi way dhacday. Muddo markii aan xirnayn ayaa xabsiga waxaa la keenay Cali Maxamed Siyaad Barre, oo in door ah xabsigaas lagu hayey.

Ma sugi karo inuu muddadii halka sano ahayd oo aan anigu halkaas ku jirey, ama ka badan, uu xabsigaas ku dhammaystay iyo in kale. Waxaan filayaa inaan hal mar arkay ninkaas, isagoo la keenay isbitaalka xabsiga. Wuxuu ahaa nin dhallin yar oo muqaalkiisu iila ekaa nin deggan oo aadan ka dareemaynnin dabci qallafsan ama qab dheeri ah. Sababta loo soo xiray wax sugan kama sheegi karo. Waxaa laysla dhex marayey in sababta loo soo xiray ay ahayd inay is qabteen isaga iyo Axmed Saleebaan Dafle, oo seeddigiis ahaa, oo uu isagu markaas dumbuje ula baxay Ina Dafle. Run ku sug!

FASALKA AFARAAD:
Rariddii

Habeenkii kowda May ee 1977kii (Maalinta Shaqaalaha Adduunka), waxaa nala xereeyey maqribkii, sidii caadadu ahayd. Markii aan indhaha is gelinney baa waxaa xabsiga dhexdiisa ka bilawday shanqar badan oo isugu jirtey socod baabuurro waaweyn iyo hadal badan. Maadaama aannaan awood u lahayn inaan ogaanno waxa meesha ka dhacayey, waxaan u malaynnay in dad iyo alaabba xabsiga laga rarayey. Kuwayagii samafiladka ahaa waxay is yiraahdeen armaa maalinta shaqaalaha awgeed, taasoo ahayd maalin dalalka shuyuuciga laga xushmeeyo, maxaabiista qaarkeed cafis Madaxweyne loo fidiyaa. Hase ahaatee arrintu waxay noqotay "Kaaf iyo kala dheeri iyo kaan u dhigtayba maaha"

Markii ay ahayd shantii habeennimo (kow iyo tabankii, sida dadka qaarki u yaqaan), ayaa waxaa la furay albaabbadii cuslaa ee qolalkayagii. Rag shan ah, oo aan anigu ka mid ahaa, ayaa lagu yiri soo qaata alaabtiinna. Afarta kale waxay ahaayeen: Yusuf Cismaan Samantar "Bardacad", Cabirraxmaan Xaaji Cabdi

Gole "Aswad",Cali Cambe iyo Maxamed Xareed (?), oo aan horay usoo magacabay. Waxaa naloo dareershey xagga Qamta, taasoo nagu abuurtay dareen ah in markaas uu xabsi run ahi noo bilawday, intii ka horreyseyna aan dalxiis ku jirney.

Waxaa nala keenay meel deegadda Qamta ah, oo muuqaal wanaagsan, oo ay dhir geed- hindi ahi haraynayso, kuraas dhagax marmr la moodo ka samaysanna leh. Halkaas oo ahayd meel aann ishu nebcaysanaynnin waxay ahayd meesha askarta Qamta ilaalisaa ay fariisan jirtey.

Muddo labo saac ku dhow markii aan halkaas fadhiney ayaa Qamta laga soo qufay rag muddo ku xirnaa oo ay ka mid ahaayeen: Sheekh Maxamed Macallin, Maxamed Ibraahim Cigaal, Sheekh Cabdulqni Axmed (Wsiirkii hore ee Garsoorka) iyo Jeneraal Caddullahi Farax Hoolif. Intaasi wayna nala soo fariisteen, annagoo halkaas salaan diirran isku dhaafsannay. Maxamed Abshir Haamaan isagana waa la soo saaray hase ahaatee nalama tusin, maadaama isaga il gaar ah lagu hayey. Soosaariddii raggaas, ee Qamta laga soo saaray, waxay xoojisey rajadii siideynta, taasoo nasiibdarro aan dhaboobin.

Halkaas waxaa noogu yimid kaaliyihii isbitaalka oo aan weydiinney meesha naloo wado. Wuxuu noogu jawaabey: Kolba annaga nalaka kiin kexee meel laydiin wadase ma naqaan. La yaab ma lahayn inuusan ogeyn meesha naloo wadey maxaa yeelay wax kasta oo ku saabsan arrimaha maxaabiista siyaasadda waxaa loola dhaqmi jirey sidii sir qaran oo cuius, oo la ogeysiin jirey dad yar oo qur ah. Jawaabtii kaaliyuhu waxay nagu abuurtay dareemmo kala duwan, oo u dhexeeyey labo dacal oo aad u kala fog: Kuwayagii samafiladka ahaa waxay ku abuurtay rajo siideyn, kuwii xumafiladka ahaana baqdin dil. Qaar kalena waxay is yiraahdeen ama Qamtaa laydinku xerayn doonaa (kuwii aan horay ugu jirin) ama xabsi kale ayaa lay diin wareejin doonaa, taas dambe ayayna arrintii noqotay.

Muddo saacad ku dhow markii aan halkaas wada joogney ayaa Qamta horteeda la soo taagey babuurro Daf-iyo-Miriq ah oo ay wateen rag ka tirsanaa cidanka Koofiyad Casta, oo ahaa booliska ciidammada. Muuqaalkaasi ma ahayn mid saadaal fiican wada, maxaa yeelay ciidankaas waxaa loo adeegasan jirey ciddii la rabo in gacan adag lagu qabto.

Goor ay ahayd siddeedii habennimo (labadii) ayaa waxaa nala amray inaan baabuurtaas fuulno, annagoo nala ku yiri wax alaab ah oo aad qaadan kartaan ma jiraan oo aan ahayn dharka qofku xiranyahay iyo kitaab Quraan ah. Markii aan arrintaas ka doodnay waxaa naloo ku jawaabey in dhaqso alaabtayada nalooka daba keeni doono. Hase ahaatee, alaabtaas keeniddeedii waxay nagu kalliftay sugid labo bilood ah iyo gadood cunno joojin.

Aniga, Sheekh Maxamed Macallin iyo Maxamed Ibraahim Cigaal hal dhinac ee baabuurkii na sidey ayaan fariisannay, anigoo labadooda u dhexeeyey. Dhinaca kale ee baabuurka waxaa fariistay Bardacad iyo Cabdirraxmaan Aswad iyo malaha nin saddexaad. Babuurtii kale oo meesha la keenay mid walba waa la buuxshey. Kuraasta baabuurta waxaa ku rakibnaa qoofalgacmeedyo bir ah oo marka qofku fariisto lagu qabbirayey, si uusan u baxsan. Hiddaha Soomaalidu wuxuu sheegaa in nin durbaan uusan jeclayn lagu ag tumayey uu si caro leh u huruufey qoladii durbaanka ku ag tumeysey oo markaas yiri: " Bal anigiyo oogayaallow day". Oogayaallow waa halhayskii durbaanka. Waxaan qisada uga dan leeyahay inaan iraahdo " Bal raggii la wadey iyo fakasho day"!

In badan oo raggaas ka mid ahi waxay ahaayeen rag da' ah oo xilal qaran oo sare horay usoo qabtay, kuwaasoo xataa haddii aan cidi ilaalinaynnin aan fakasho laga fili karin.

Baabuurtii aan saarnayn iyo kuwo badan oo kale, oo isu geyntoodu malaha gaareysey dhawr iyo toban, baa laga soo dareeriyey xabsiga, iyadoo loo socdo xagga Afgooye.Tirada baabuurta iyo dadka badan oo lagu wadey waxay na garansiiyeen in falgal gaar ahi uu meeshaas ka socdey, taasoo fasirtay shanqartii badnayd, oo aan horay u soo sheegay, oo habeenkaas xabsiga ka dhex yeeraysey.

Markii nala soo dareershey baa waxaa lays weydiiyey meesha naloo wado. Jawaabtii waxay noqotay in haddii marka kala bayrka Afgooye la gaaro xagga midigta loo leexdo uu yoolku Xamar ahaa, taasoo micneheedu ahaa ama siideyn ama uso wareejin xabsiga weyn ee Xamar, haddiise xagga bidixda loo bayro uu yoolku ahaa xabsiga cusub ee Labaatan Jirow. Nasiibdarro taas dambe ay ay arrintu noqotay.

Inkastoo uusan jirin qof annaga naga mid ahaa oo xabsigaas horay usoo arkay, haddana waxaa laga haystey fikrad aad u xun. Markii baabuurtii na siddey isu jimbacday xagga bidix candhuuf kharaar baa dib loo wada liqay.

Raridda waxaa hoggaaminayey nin hal ama labo xiddgle ahaa, oo R/Caabud Waaq ah, oo magiciisa la yiraahdo Yusuf. Ninkaasi wuxuu ka mid ahaa askartii Xarunta Xalane nagu tababari jirtey, isagoo markaas (1972kii) ahaa labo ama saddex alifle. Wuxuu ahaa nin sidiisa kale u dabci wanaagsan, inkastoo hawsha qallafsan oo uu markaas fulinayey ay u diiddey wax jixinjix ah.

Baydhabo waxaan soo gaarney goortii salaadda subax la addimayey iyadoo uu markaas roob fududi da'yo. Muddo gabaan oo falgalka taxaabka lagu habaynayey ayaa halkaas la joogey, dabadeedna waxaa loo dhaqaaqay xagga dhabbaha Xuddur oo uu meel ka sokaysa ku yiilley xabsiga Labaatan Jirow oo ahaa meeshii naloo wadey. Safarku wuxuu ku soo aadey iyadoo uu aaggaas hayo roob xoog lihi, taasoo kalliftay in baabuurtii socon weydo oo loo baahdo in hadba mid la jiido, dhiiqada jidka dabooshay awgeed. Hadal iyo dhammanti, safarkii wuxuu nagu qaatay muddo 12 saac ah, iyadoo masaafada loo socdey ay ahayd

50-55 km oo keli ah. Lagama sheekayn karo rafaadka aan ka soo marnay safarkaas oo intii uu socdey aan biyo iyo baad toonna la dhadhamin. Waxaase wax kasta ka damaa in naloo diidey xataa in la soo kaadsho ilaa ay dantu qaarkayo ku kalliftay inay baabuurka korkiisa ka kalleetiyaan!.

Soomaalida waxaa lagu sheegaa inay caan ku tahay naanays bixinta, taasoo ah arrin uu aad uga faallooday Douglas Jardine oo ahaa ninkii qoray buuggii "Mad Mullah of the Somali Land". Ninkaasi qaybta hore ee buuggiisa wuxuu faallo dheer uga bixiyey Soomaalida. Tilmaamihii uu ka baxshay Soomaalida waxaa ka mid ahaa inay naanays bixinta caan ku tahay, isagoo yiri haddii aad labo beri oo keli ah Soomaali ku dhex jirtid waxaa hubaal ah inay naanays kuu bixiyeen, waxaana hubaal ah in naanaystaasi tahay mid kuu eg. Haddaba, annagoo ku taagan hiddahaas dadkeenna, ayaan "Kaadiceliye" u bixinnay ninkii safarka hoggaaminayey, oo aan horay usoo sheegay.

Intii safarku socdey waxaa nalaku wadey baabuurro wadaag ah, hase ahaatee Maxamed Abshir, sidii naloo sheegay, isaga waxaa lagu wadey Land Rover gaar ah. Labaatan Jirow waxaan gaarney markii qorraxdu baalka dhiganaysey, annagoo aan cago ku taagnayn.

FASALKA SHANAAD:
Xabsigii Labaatan Jirow

Labaatan Jirow waa meel hawd ah oo u dhexaysa Baydhabo iyo Xuddur. Waxaa la sheegaa in xabsigaas dhismihiisa ay gacan ka geysatey dawladda Jarmalka Bari, oo markii la aqoonsaday iska xil saartay daboolidda taageeradii Jarmalk Galbeed siin jirey Ciidammada Asluubta iyo Booliska, taasoo joogsatey markii dalkaas laysku xumaaday aqoonsigii la aqoonsaday Jarmalka Bari awgiis. Waxaa kale oo la sheegaa in injineerkii hoggaaminayey dhismaha xabsiga, oo ahaa sarkaal ciidammada ah, uu ku geeryoodey shil helikobtar munaasabaddii furidda xabsigaas. Xabsiga waxaa laga dhisay meel miyi ah oo in door ah ka bayrsan jidka Baydhabo iyo Xuddur. Sababta xabsiga meeshaas bahgooyada ah looga dhisay waxay ahayd in qofka la geeyo laga go'doomiyo wax kasta oo xiriir debedda ah iyo mid qoyskiisaba.

Waxaa lays weydiiyey sababta meeshaas Labaatan Jirow loogu bixiyey. Fasirka arrintaas laga bixiyey waxuu ahaa in -maadaama ay meeshaasi tahay meel "ceel-kaa-dheer, cidi- kaa- dheer" ah uu safar uga gudbi karey inan labaatan jir ah oo xoggiisu u dhanyahay oo keli ahi.

Waxa keli ah oo meeshaasi ku fiicantahay waa hawadeeda macaan oo aadan sanadka oo dhan dareemaynnin wax kulayl ah oo aad dhibsatid. Waxay u dhexaysaa mar roob da'yo iyo mar neecaw qaboobi ku marayso. Waxaan is iri bal haddii meeshaas laga dhisi lahaaa hodheello dalxiis oo lagu raaxaysto sow kama fiicnaateen dhismaha xabsiga. Haddeed, maxay kuugu taallaa illaa xumaanta iyo samaanta qofba si buu u arkaaye!

Qaabka Dhismaha ee Xabsiga

Xabsigu wuxuu u dhisanyahay qaab xagaltoosane ah (afargees dhinac u dheer) oo ay qolalku labada dhinac ku safanyihiin. Tirada qolalka xabsiga waxaa lagu sheegay 150 qol, oo caadi ahaan loogu talo galay midkiiba hal qof, inkastoo ay dhici kartey in mararka qaarkood labo qof hal qol laysugu geeyo. Qolalka qaarkood musqulo gudaha ah ayay lahaayeen, kuwaasoo malaha ahaa kuwii loogu talo galay dadka aan la rabin in debedda loo soo saaro. Xabsiga dhererkiisa weyn awgiis suuro gal ma ahayn inaad garatid qofka iridda hore taagan. Deydku dhir la harsado oo badan ma lahayn, maadaama uu xabsigu cusbaa, hase ahaatee wuxuu ahaa mid aad u weyn oo qofku ku dhex tamashlayn karo waqtiyada uu debedda joogo, taasoo ahayd mid dadka badidiis loo oggolaa. Xabsiga waxaa ku dhex yiil isbitaal loogu talo galay in lagu daaweeyo qofkii jirrada, taasoo ahayd daaweyn bukaan socod oo keli ah . Intaan xusuusnahay qofna lama seexinnin isbitaalkaas.

Warxaa jirey warar sheegayey in qolalka xabsiga laga dhisay dhulka hoostiisa, taasoo khilaafsan wixii aan arkay ama ogaadey intii aan xabsigaas ku jirey. Xataa raggii mar dambe Qamta xabsiga la geeyey, sida aan soo sheegi doono, lama geyn qolal dhulka hoostiisa ah ee waxaa la geeyey qolal la mid ah kuwii maxaabiista intooda kale lagu hayey.

Noocyada Dadkii Xabsigaas Loo Soo Raray

Tirada dadkii maalintaas xabigaas la keenay waxay ku dhoweyd 50 qof oo sababo kala duwan loo soo xiray. Wax yar baan ka xusuusnahay magacyadii dadkaas, balse waxaan isku deyayaa inaan wax ka tilmaamo dadkaasi sidii uu u kooxaysnaa.

Kooxdii Laanta Buur laga soo raray, oo aan anigu ka midka ahaa.

Rag ka tirsanaa askartii lagu soo xiray inqilaabkii dhicisoobey ee Gabayre, Caynaanshe iyo Dheel oo ay ka mid ahaayeen:

1. Gaashaanle Xuseen Ganey, oo lagu sheegi jirey inuu ka mid ahaa raggii ugu sitey ciidanka dabbaabadaleyda;
2. Ina Jeneraal Cabdulle Barre;
3. Caraaye,
   Iyo kuwo kale
   (Malahayga raggaasi waxay ahaayeen R/Cadale).

Afar askari oo dhallin yar oo sabab siyasadeed oo loo soo xiray ayan muuqannin, oo inta' uun mar la soo xiray xabsiga lagu illoobey. Raggaas waxaa ka mid ahaa nin la yiraahdo Cir Guje (R/Hobyo), nin R/Hargeysa ah iyo labo nin oo kale oo R/koofur ah. Raggaasi muddo dhawr sano ah ayay xirnaayeen, iyagoo aan wax dambi ah lagu soo oogin.

Nimankaas arrintoodu waxay i xusuusisay qiso Masar ka dhacady waqtigii Jamaal Cabdinaasir. Sida qisadu sheegayso habeen baa waxaa la soo qabqabtay rag badan oo siyaasiin ahaa oo xabsiga la dhigay. Nasiibdarradiisa, raggii habeenkaas la qabtay waxaa si qalad ah loogu daray nin tagsi wade ahaa oo loo maleeyey siyaasi. Muddo 7- 8 sano ah markii uu xabsiga ku jirey ayaa la soo daayey, markii Anwar Saadaat uu xukunka qabsaday, dhimashadii Naasir kaddib.

Xifaalo siyaasadeed oo ku saabsan arrimaha noocaas ah oo dalkaas laga allifey waxay sheegeysaa in waqtii Naasir rati baxsad ah lagu qabtay xudduudka Masar iyo Liibiya, oo uu markaas weli xukumayey boqorkii R/Senuusi oo ahaa nin shiddo yar. Ciidammada xudduudka ee Masar markii ay ratigii weydiiyeen sababta uu dalkiisa uga baxsanayey, wuxuu u sheegay in sababtu ahayd in Masar dameeraha lagu xabbiso. Askartii waxay ratigii ku tiri: Oo maxaa adiga kaaga dan iyo heello ah haddii dameeraha la xiro, maadaama aadan adigu dameer ahayn? Ratigii wuxuu yiri: Waxaa ii muuqata inaydnaan waxba fahmin. Waan ogahay inaanan dameer ahayn, hase ahaatee inta laga hubsanayo inaanan dameer ahayn ayaan xabsiga ku qurmayaa!. Hadded miyaysan arrinta tagsiilihii muddada dheer xirnaa, ilaa aakhirkii la ogaadey inuusan siyaasi ahayn, iyo tii afartii askari oo ila xirnaa idiin la ekayn sida ratigaasi sheegay!

Koox afar nin ahayd oo lagu eedeeyey inay Amxaarada u jaasuusayeen, oo ay ka mid ahaayeen labo nin oo Caruusha ahaa, oo midkood la oran jirey Sheekh Maxamed, oo maxaabiista u samayn jirey tusbaxyada iyo farsamooyin yaryar oo kale; nin kale oo isna Caruusha ahaa oo la oran jirey Maxamed, oo u ekaa nin aan xiskiisu dhammayn, iyo labo nin oo Amxaaro ahaa oo midkood la oran jirey Makonnen.

1. Doolaal, (R/Qabridaharre), oo la sheegay inuu u xirnaa arrin amniga la xiriirta.
2. Weyrax, (R/Qardho), kaaliye caafimaad, oo aanan wax loo soo xiray sugi karin.
3. Xasan Aadan Wadaaddiid, (R/Hargeysa), safiir hore ee dawladda
4. Cali Hayje, (R/Jabuuti), ganacsade, kaaliye hore ee halgamaagii Maxamuud Xarbi.
5. Jiifjiifte, (R/Hobyo), haystey billad dahab ah ee geesinnimo

Waxaa la sheegayey in ninkaasi uu ka mid ahaa ciidankii goobta Tog Wajaale kaga qayb galay dagaalkii 1964kii ee dhex maray Soomaaliya iyo Itoobiya. Waxaa kale oo la sheegay in ninkaas intii dagaalkii goobtaasi socdey ay 6 xabbadood ku dheceen oo sidaas awgeed lagu abaal mariyey billad dahab ah ee geesinnimo. Sababta loo soo xiray waxaa lagu sheegay inay ahayd in mar Madaxweynuhu booqanayey saldhigga ciidammada ee Balli Doogle in ninkaas qolkiisa saanqaafkiisa laga helay buntukh shiish leh, taasoo dhalisay shaki ah inuu rabey inuu ku toogto Madaxweynaha. Jiifjiifte wuxuu ahaa nin xaruuri ah oo aan u dulqaadan jirin wax yar oo qallooc ah oo ka yimaada xagga ciidanka na ilaalinayey. Wuxuu maxaabiista ku guubaabin jirey inay diidaan wax kasta oo gaf ah loo geysto.

6. Axmed Xaaji Bahdoon, (R/Boorame), oo caaqil diric ah ahaa.

Waxaa la sheegay in ninkaasi uu ka mid ahaa Soomaalida deggan dalka Xabashidu haysato. Intii Xayle Salaase dalkaas xukumayey wuxuu ka mid ahaa odayaashii Soomaaliyeed oo uu Boqorku tix gelin jirey. Sabab aanan hadda sugi karin awgeed ayaa ninkaas waxaa lagu xukumay dhawr iyo toban sano oo xarig ah, wuxuuna ka mid ahaa dadkii halkaas la keenay. Oday Axmed wuxuu qabey cudurka neefta oo aad u dhibi jirey.

7. Cadullaahi Haji Yusuf "Gurey" (R/Qardho), oo ka mid ahaa dadkii dabadeed Kismaanyo lagu xasuuqay, 1992kii.
8. Maxamuud Caaggane Cumar, (R/Gaalkacyo), gaashaanle sare ee hore ee booliska, oo lugi go'nayd.

Ilaalinta Xabsiga

Ilaalinta xabsiga waxaa u xil saamaa koox ciidammada ka mid ahayd oo hubka yaryar mooyee dabbaabado ama beebayaal haysatey. Markii halkaas nala geeyey wxaa madax ka ahaa nin

Gaashaanle Sare ahaa oo R/Boorama ah oo la yiraado Daahir Qabil. Sida la sheegay ninkaasi wuxuii ka mid ahaa ciidanka booliska, wuxuuna ahaa nin aad u miyirran. Marmar wuu noo iman jirey si uu noola sheekaysto. Intii uu xabsiga xukumayey wax dhibaato ah oo naloo geystey ma jirin. Muddo kaddib, waxaa lagu beddeley sarkaal dhallin yar oo aan filayo in la oran jirey Diirye, oo R/Caabud Waaq ah. Isaga laftiisu-inkastoo uu kii hore ka amar adkaa-haddana cid uu wax dhib ah oo gaar ah u geystey ma maqal.

Dadkii Xabsiga Lagu Furay.

Inkastoo kooxdayadu ahayd dadkii Soomaaliyeed oo ugu soo horreeyey ee meeshaas la geeyey, oo la oran karo xabsiga iyagaa run ahaan lagu furay, haddana waxaa halkaas nooga soo horreeyey saddex nin oo R/Itoobiya ah. Nimankaasi qisadoodu xiisoo gaar ah ayay leedahay. Saddexdoodu waxay kala ahaayeen: Nin Gaashanle Sare ahaa oo horay uga tirsanaan jirey, waqtigii Xayle Salaase, ciidanka cirka ee dalkaas. Hase ahaatee, sida la sheegay, markii Xayle Maryam uu xukunka la wareegey, ninkaas, kalsooni la'aan awgeed, waa laga wareejiyey ciidanka cirka oo waxaa lagu wareejiyey dayuuradaha rayadka. Labada kale waxay kala ahaayeen inan injineer ah oo Amxaar ah iyo nin guddoomiye degmo ahaa oo R/Eritereeya ah. Saddexdaas nin waxaa soo qabtay ciidankii gobannimadoonka ee Soomaali Abbow. Sida lagu soo qabtay waxay ahayd inay iyagoo dayuurad yar wata ku soo degeen garoon dayuuradeed oo ku yaal meesha lagu siyaarto Sheekh Xuseen Baaliyaalle, oo waqtigaasi ahaa xilligii la siyaaran jirey. Sida la xuso, Sheekhaas waxaa siyaaradiisa looga yimaadaa meel kasta oo dalka Itoobiya ka mid ah, iyo malaha meelo kaleba. Danta ay kooxdu meeshaas u timid waxaa lagu sheegay inay ahayd inay rabtey inay eegto in garoonka dayuuradaha ee aaggaas ay dayuuradaha dadka siyaarada u imanaya sidaa ay ku soo degi kareen iyo in kale. Taasi waxay ahayd sababta injinnerka loogu soo daray kooxda. Ninka R/Eritereeya isagu wuxuu ahaa guddoomiyihii degmada siyaaradu ka dhici lahayd.

Sida la weriyey markii dayuuraddii ay ku soo degtey garoonkii ayaa ciidanlii Soomaali Abbow oo xaska ku jirey hareereeyey oo inta' saddexdii nin soo qabtay halkaas ka soo lugaysiiyey ilaa uu Labaatan Jirow ka keenay.

Ninka gaashaanlaha ahi wuxuu ahaa nin aad u qab weyn oo yasi jirey askarta heerarka hoose ah oo u xil saarnayd ilaalinta maxaabiista. Waxaa laga sheegi jirey inuu oran jirey: Aniga waxaa amar i siin kara nin iga darajo sarreeya oo keli ah, taasoo malaha uu u cuskanayey xeerka caalamiga ah ee maxaabiista dagaalka. Sida muuqata wuxuu aad uga ilduufsanaa inuu joogey dal Afrika ah, oo ay dhici kartey inuusan xeerkaas jiriddiisaba dheg ka maqal mooye dhaayo ku arag, kaasoo ay weliba dalka uu isagu u dhashay xinif taariikhi ah wadaageen. Waxaan xusuusnahay inuii maalin iigu yimid isbitaalka xabsiga, oo mamar la iiga yeeri jirey si aan bukaannada u eego. Wuxuu igu yiri: Anigu waxaan ahay nin sarkaal sare ah oo waxaan xaq u leeyahay rashin gaar ah, sida bisteeki iyo wixii la mid ah, kaasoo ka duwan kan dadka caadiga ah la siyo, ee ii qor raashinkaas aan dawga u leeyahay. Anigu, inkastoo ayan ii muuqannin si arrintaasi meeshaas uga suuroobi karaysey, haddana, mar haddii uu iisoo ergoodey, waxaan ku taliyey in la siiyo raashinka gaarka ah oo uu weydiisanyey.

Labada nin oo kale, oo isaga la jirey, waxay ahaayeen niman aad u dhaqan wanaagsan oo maxaabista Soomaaliyeed ugu dhex noolaa sidii ay iyaga ka mid ahaayeen. Annaga iyo iyaga toonna lagama dareemi jirin sidii dad ka kala yimid labo dal oo xinifi ka dhexayso. Dareenka noocaas ahi ma ahayn mid markaas ii hor lahaa ee wuxuu ahaa mid marar badan ila soo gudboonaadey, siiba waagii aan ardayga ku ahaa dalka Talyaaniga, halkaasoo ay ardada Soomaaliyeed iyo kuwa Itoobiya ku ahaayeen dad aan la kala sooci karin oo isugu dhex jirey sidii dad xigto ah.

Marmar waxaan is iraahdaa malaha haddii la xallin lahaa khilaafka dhul ee labada dal ka dhexeeya, in labada dad ay xiix iyo maax noqon kari lahaayeen. Taasi waxay u egtahy sidii Sayidku yiri: "Ogaadeen waa hilbiyo habar wadaagey dheh   Jinnaa igu hudbaaye malaha ima halleeyeen dheh", hadalkaasoo uu ku wadey in qoladaas uu sheegay ay ahayd xigtadiisii, oo haddii aan shaydaan ku diraynnin ayan waxba yeeleen.

Haddeed, waa la wada fahamsanyahay in waxa ugu weyn oo isku kaaya dirayaa, innaga iyo Itoobiya, ay yihiin dalka iyo dadka Soomaaliyeed oo ay sida macangagnimada ah isugu dhejinayso, arrintaasoo haddii la xallin lahaa uu xiriirka labada dal inta ka fiicnaan lahaa oo ay dhici kari lahayd inay noqdaan labo dal oo is buuxsha. Xalliga noocaas ah waxaa gaari kara oo keli ah rag geesiyaal ah oo aragti dheer leh oo bog cusub oo iftiimya ku beddela kii madoobaa ee colaadda ee qarniyaasha badan soo taxnaa.

Habka Nolosha Xabsiga

Markii aan nimid xabsiga wax ku talo gal ah oo naloo sameeyey ma jirin. Sidaas awgeed wax cunno ah oo micno leh iyo wax lagu seexdo midna diyaar nooma ahayn. Si qarboqarbo ah ayaa askartu noogu diyaarisay shuura (badar shiidan iyo ciir). Maadaama dhacsaal la wada ahaa, safarkii adkaa awgiis, qof waliba wuxuu isku tuuray dhulka qolkii la geeyey, oo habaaska saamaa aad moodaysey joodari.

Aniga iyo Maxamed Xareed waxaa nagu soo aadey qol aan musqul lahayn, oo markii musqul loo baahdo ay ahayd in albaabka si xoogle loo garaaco si askarta iridda hore joogtaa u maqasho oo markaas musqul laguu geeyo. Taasi ma ahayn arrin mar walba lagu guuleysan jirey. Sidaas awgeed markii askartii na ilaalineysey aan is barannay, waxay na siisay koofiyadaha birta ah ee askarta oo qofka ugu filnaa inuu dhawr goor ku kaadsho inta uu qolka ku xayiranyahay. Mar dambe waxaan nasiib u yeelannay, aniga iyo Caraaye, oo ka mid ahaa askartii inqilaabkii dhicisoobey, in nala siiyo qol musqul leh, kaasoo dhibaato badan naga furtay. Qolkii, muddo kaddib, anigaa ku keliyeystey, markii Caraaye loo wareejiyey qol kale. Waqtigaas bay aahayd markii ay igu soo dhacday inaan Quraanka xifdiyo. Hase ahaatee, maadaama aan waqtigaas kaddib xabsiga ku sii jirey muddo afar bilood oo keli ah, ayaan waxaan ka gaarsiiyey inaan xifdiyo 17 jus oo keli ah.

Waxaa caadadu aayd in marka qorraxdu soo baxdo nala soo ood qaado oo aan deydka weyn ee xabsiga ku kulanno. Maalmihii hore oo dhan waxaan ku shuqlanayn bal inaan ogaanno dadka meesha laysugu keenay waxa ay ahaayeen iyo mid walba sababta loo soo xiray. Dadkaas intii aan ka xusuusan karey horay baan usoo sheegay. Muddo saddex bilood ku dhow sidaas baan isugu furnayn oo sheekada iyo wax kala faa'iideysiguba noogu furnaayeen. Muddadaas dhexdeeda mar baan cuntajoojin samaynnay, sababta alaabtii nala ka reebay markii nala soo rarayey, sidii aan horay usoo sheegay. Inkastoo aan la fili karin in falkayagaasi uu wax natiijo ah keeno, haddana waxaa yaab leh inuu saameeyey askartii na haysey, oo markii hore isku dayday inay nagu qanciso inaan joojinno gadoodkaas, markii aan diidneyna ku dadaashey sidii aan alaabtayadii u heli lahayn, taasoo si dhaqso leh u hir gashay.

Saddex bilood kaddib waxaa Qamta lagu xereeyey rag ay ka mid ahaayeen: Maxamed Abshir, Maxamed Ibraahim Cigaal, Sheekh Maxamed Macallin, Sheekh Cabdulqani, iyo Cali Hayje, kuwaasoo awalba Qamta Laanta Buur lagu hayey. Intayadii kale sidii hore baa naloo daayey oo ahayd in marka qorraxdu soo baxdo nala soo daayo, ilaa waqtiga qadada, qadada kaddibna nala xereeyo ilaa salaadda casarka, haddana nala soo daayo ilaa qorrax dhaca. Guud ahaan ma jirin wax cadaadis ah oo dheeri ah oo uu xabsigu kaga duwanaa kii Laanta Buur, haddii laga reebo ka fogaanta cidda, oo aan la xiriiriddeedu, iyada laftigeedu, mar walba sidaas u adkayn. Sababtu waxy ahayd in askarta na ilaalineysey laftigeedu cidahayaga nooga keeni jirtey war iyo wixii kale oo aan uga baahanno.

Arrintaasi waxay i xusuusinaysaa qiso dalka Masar ka dhacday oo ku saabsanayd nin siyaasi ahaa oo aan filayo in la oran jirey Cali Amiin oo Qamta lagu hayey. Ninkaas waxaa u suuro galay inuu kumanyaaal waraaqood xabsiga debeddiisa u soo diro, iyadoo ay askartii ilaalineysey arrintaas gacan ku siin jirtey. Annagana arrintayadu sidaas aad ugama duwanayn. Inkastoo arrintu sidaas ahayd haddana waxaa dhici jirtey inaan ragga qaarki waxba uga iman jirin cidohooda oo markaas inta dharku ka duugoobo ay arradaan. Mararkaas oo kale waxaa dhici jirtey in maamulka xabsigu uu wax dhar ah siiyo qofkii heerkaas gaara.

Raashinka Xabsiga

Nooca raashinka ah oo nala siin jirey aad buu uga heer hooseeyey kii nala ku siin jirey Laanta Buur, maxaa yeelay xabsigu wuxuu ku yiil meel bahgooyo ah oo magaalo weyn oo dhan ka fog, kana leexsan jidadka magaalooyinka waaweyn loo maro. Sidaas awgeed -iyo iyadoo qorshexumona wehelisey-ma sahlanayn helidda raashin fiican. Maalmaha intooda badan waxaa nala siin jirey badar shiidan oo lagu iidaamey caano dhanaan. Maalinta jumcaha ayaa hilib iyo maraq nala siin jirey, taasoo kallifi jirtey in aroor hore askar iyo baabuur loo diro meel Alle meeshii degmo xoolaad ugu sokaysa, halkaasoo dhawr neef oo ari ah laga soo iibin jirey.

Xannaanada Caafimaadka

Xannaanada caafimaadka ee maxaabiista waxaa u xil saarnaa nin kaaliye caafimaad ahaa oo ciidammada ka mid ahaa, oo la oran jirey Dheel, oo aanan sheegi karin heerka aqoontiisa kaaliyennimo. Marmar wixii ku cuslaada wuu igala tashan jirey. Raggii meesha lagu hayey waxaa ku jirey kuwo qaba cudurka neefta. Marar kala duwan waxaa dhacday in neeftu si daran u qabatay oo loo baahday in si dhaqso leh looga jebiyo. Iyadoo aan layla tashan baa waxaa xididka laga siin jirey daawada Efediriinka oo loogu talo gal ay in lagu qaato mudaal muruqa ah oo keli ah.

Habkaas qaldan oo loo siin jirey daawadaasi wuxuu keeni jirey in qoku uu sidii neef la gawracay u rafto. Markii aan iraahdo war maxaad sidaas u yeesheen sow inay khatar tahay ma ogidin? Waxay iigu jawaabi jireen: Dotoore waxaan ula dan lahayn inaan neefta dhaqso uga jebinno. Markaas baan ku oran jirey: Haddeed ogaada in dhaqsaha aad rabtaan inaad bukaanka neefta uga jebisaan mid la mid ah aad naftiisana ku jebin kartaan!

Isbiimaynta Xaaskayga

Xaaskayga, oo Xamar joogtey, ayaa waxaa soo gaarey war sheegayey inaan xabsiga ku dhintay. Haddaba, halkaas bay ka soo dhaqaaqday iyadoo u socota meeshii aan ku xirnaa si ay arrintaas war sugan uga hesho. Markii ay Baydhabo timid waxay raadisey gabar aan isku cid nahay oo la yiraahdo Ardo Warsame Hiraabey, oo dhar ii soo dhiibtey intii aan xabsiga ku jirey. Maadaama ayan wax war ah ka haynnin arrintaas waxay u sheegtay inuu magaalada joogo nin ay xaaskayga isku cid yihiin, kaasoo isna u sheegay inuu jiro nin ay isaga is xigaan oo xabsiga Labaatan Jirow ceel ka qoda. Ninkaas dambe wuxuu xaaskayga u sheegay inuu magaalada iman doono Taliyaha xabsiga Labaatan Jirow oo qaadi doona xaas halkaas joogey.

Markii ay is arkeen, xaaskaygu waxay Taliyihii u sheegtay inuu xabsigaas ka shaqeeyo askari ina abtigeed ah oo R/Caabud Waaq ah oo ay rabto inay soo aragto. Run ahaanta askarigu ina-abtigeed ma ahayn ee waxay isku laf ahaayeen hooyadeed oo reer aaggaas ah. Taliyihii wuu rumaystay warkii ay u sheegtay wuxuuna ka aqbalay inuu u qaado Labaatan Jirow. Goor casarkii ah bay gaareen Labaatan Jirow, isagoo askarigii ay magacawday uu xabsiga shaqo ugu maqanyahay. Waxaa lala dejiyey qoys R/ Caabud Waaq ah oo ka mid ahaa qoysaska askarta xabsiga ilaalisa, oo si fiican usoo dhoweeyey. Markii askarigii ay u socotey uu yimid loona sheegay inay timid gabar ina-eeddadiis ah oo isaga raadinaysa, si diirran buu u soo dhoweeyey. Markii ay is arkeen runtii bay u sheegtay, hase ahaatee wuxuu ka ballan qaaday inuu gacan buuxda ku siin doono arrinta ay u timid oo isugu jirtey inay war sugan ka hesho xaalkayga iyo inay lacag ay ii siddey iisoo gudbiso. Wuxuu u sheeay inaan wax dhib ah oo isoo gaarey jirin, haba yaraatee, lacagtana uu eegi doono waqtiga ku habboon soo gudbinteeda.

Maalintii labaad wiilkii oo xerada ku maqan ayaa niman askar ah oo badan oo makhaayad fadhiyey arkeen xaaskayga oo ahayd qof aan horay meesha u joogi jirin. Arrintaasi waxay dhashay in haddiiba lays weydiiyey cidda uu yahay qofkaan qalaad oo meeshaas sida gaarka ah loo ilaalinayo yimid. Warkii aakhirkii wuxuu gaarey Taliyihii xabsiga oo aan isna fududaysannin arrintaas ee tillaabo degdeg ka qaaday. Habeenkii labaad, goor saddex saac ahayd (sagaalkii), iyadoo casho sugaysa, wiilkiina uu weli shaqo ku maqanyahay, ayaa waxaa yimid baabuur ay saaranyihiin Taliyihii xabsiga iyo laba askari oo hubaysan. Waxaa lagu amray inay alaabteeda soo qaadato oo ay baabuurka si degdeg ah usoo fuusho, taasoo ay yeeshay. Halkaas baa lagala soo cararay, iyadoo aad mooddo in la wado qof sir qaran oo cuius u dhacay. Waxaa la keenay xerada booliska ee Baydhabo iyadoo laga soo qoray warbixin sheegaysa inay tahay "Mahbar", kaasoo ahaa magac loo adeegsan jirey dadkii ka tirsanaa jabhadda SSDF (Soodaf), sababtoo ahayd in iyada dhalashadeedu xaggaas ka soo jeeddey. Taliyihii xerada booliska oo ahaa nin R/Caabud Waaq ah, oo da' ah, waxaa lagu amray inuu xabsiga ku hayo, arrinteedana baaro.

Markii uu waraystay oo ay u sheegtay sababta meesha keentay, wuxuu ku yiri: Wax xun ma aadan samaynnin ee waajib ku saarnaa baad gudatey, xabsigana kugu hayn mayo ee waxaad joogeysaa gurigeyga ilaa aan arrintaada ka hubsanyo. Gabdho uu dhalay buu u xil saaray inay dhaqaaleeyaan. Sida muuqata arrinteedii waxay iska beddeshey mid maxbuus ilaa mid marti sharaf! . Waxaad mooddaa in arrintu noqotay sida Soomaalidu tiraahdo: " Markaad dhereg ku talo gashana gaajo filo, markii aad gaajo ku talo gashana dhereg filo". Taliyihii wuxuu weydiiyey haddii ay jirto cid ay magaalada ka taqaan, iyaduna waxay u sheegtay inay magaalada joogaan abtigeed oo ahaa sarkaal boolis ah, Cabdisalaam Aw Xasan Aadan (R/Caabud Waaq) iyo Gaashaanle Sare, Maxamed Cali Xaashi, ee Xoogga Dalka oo aan isku cid nahay. Labadaas sarkaal waxay dammaanad qaadeen inaan inta arrinteeda laga hubsanayo aan wax xumaan ahi xaggeeda ka iman doonin. Saddex beri markii ay gurigii Taliyaha joogtey, ayuu baabuur Xamar geeya u diyaariyey, isagoo weliba u sii saaray dhawr jawaan oo dhuxul ah oo markaas Xamar aad qaali uga ahayd. Haddeed ninkaas aanan aqoon oo intaas oo wanaag ah noo galay Ilaah keli ah uun baa abaalkiisa gudi kara.

Hadal iyo dhammaanti, haddii laga reebo lacagtii ay ii waddey oo aan u suuro gelin inay iiso gudbiso, safarkeedii biimada ahaa way ku guuleysatey..

Dagaalkii Soomaali Galbeed

Dantaydu ma aha inaan halka uga faalloodo dagaalkaas iyo arrimihii ku heeraarnaa, ee waxaan halka ugu soo hadal qaaday waa in dagaalkaasi dhacay intiii aan xabsiga ku jirey iyo inuu saamayn ku yeeshay maxaabiistii halkaas ku xirnayd. Waqti ku lumin mayo sababihii dagaalkaas curiyey, socodkiisii iyo sidii u ku dhammaaday toonna, sababtoo ah inaan ogahay inay jiraan dad badan oo arrintaas iiga xog ogaalsan. Ifafaalaha dagaalka iyo saamaynta uu ku yeelan karey xiriirka Soomaaliya iyo Soofiyeetka waxaan dareennay intii aan dagaalku bilaabannin ka hor.

Saamaynta uu Dagaalku ku Yeeshay Xabsiga

Sida caado u ah dhacdaalaha noocas ah, waxaa loo baahdaa midayn awoodda qaran ee arrinta markaas socota ku waajahan iyo midayn dareenka qarannimo ee dadwyenaha. Taas iyadoo la xiriirta ayaa haddiiba markii dagaalku bilowday uu xabsigayagii noqday goob ka mid ah kuwa uu dagaalku aadka u saameeyey. Isla markiiba, waxaa la bilaabay in la abaabulo raggii ciidammada ka midka ahaa oo xabsiga ku jirey, sabab kastaba haw xirnaadeene, kuwaasoo ay ka mid ahaayeen kuwii lagu eedeeyey inay ku lug lahaayeen inqilaabkii Gabayre. Raggaas waxaa Madaxweynuhu ku casumey guriga madaxtooyada ee Baydhabo, halkaasoo uu inta' cafis ugu fidiyey kaga dalbay inay dalkooda daaficiisa ka qayb qaataan, iyaguna ay ajiibeen. Waxaa meesha looga tegey intayadii rayadka ahayd oo aan hawsha noocaas ah wax biiro ah ka geysan karin. Wararka dabadeed nasoo gaarey waxay sheegayeen in raggii askarta ahaa oo nala ka waday ay si fiican uga qayb qaateen dagaalkii, halkaasoo la sheegay in Xuseen Ganey ku dhaawacmay, Jiifjiiftana ku dhintay. Waxaa kale oo nasoo gaarey in askarigii booyadda biyaha noogu soo dhaamin jirey, oo isna dagaalka ka qayb galay, ay isaga iyo booyaddiisiiba dayuurad Amxaaro danab la heshay oo uu halkaas ku dhintay.

Kaladhimashada Soomaaliya iyo Soofiyeetka

Inkastoo aan meel go'doon ah joogney, haddana siyaalaha arrimuhu u socdeen waxaan kala socon jirney raadyowga oo aan wararkii uu sheegay ka sii saadaalinnay in xiriirkii diirranaa ee ka dhexeeyey Soomaaliya iyo Soofieetku uu sii wiiqmayey. Sababtu waxay ahayd, sida la ogsoonyahay, hiilada dagaal iyo siyaasadeed ee buuxda ee Sofiyeetku dagaalka ku siinayey Itoobiya. Midowga Sofiyeetku wuxuu illoobey in Soomaaliya ka mid ahayd dalalkii ugu horreeyey ee Sofiyeetka u furay irdaha saaxiibtinnimada Afrika. Sida muuqata, maadaama aan siyaasaddu lahayn saxiibnimo joogto ah ee ay leedahay dano joogto ah, ayaa Sofiyeetka Itoobiya kala miisaan weynaatey Soomaaliya, siiba markii uu Xayle Maryam ku dhawaaqay qaadashada nidaamka hantiwadaagga. Ifafaalaha kala dhimashada waxaa laga dareemay khudbaddii uu Fidel Kastoro ka jeediyey garoonka kubbadda cagta ee Kooni, markii uu Soomaaliya soo booqday, sanad ka hor intii aan dagaalku bilaabannin. Hadalkiisa nuxrurkiisu wuxuu ahaa in Soomaaliya iyo Itoobiya ay labaduba ahaayeen dalal hantiwadaag ah, sidaas awgeedna aan loo baahnayn sheegashada ay Soomaaliya sheeganayso dad iyo dal Itoobiya ka tirsan. Fidel

Kastoro waxaa ka hoos dusey in labo dal oo mabda' siyaasadeed wadaagaa ay dal isku qabsan karaan, sida ka dhex taagnayd Jiina iyo Sofiyeetka, oo dagaal ba'ani ku dhex maray dalka ay isku haystaan, sidii horayba aan usoo sheegay.

Intayadii markaas siyaasadda u xirnayn, iyo dadweynaha Soomaaliyeed oo dhaniba, in labada dal kala ood jiidaan aad bay raalli uga ahaayeen, sababtoo ahayd in Sofiyeetku gacan weyn siin jireen nidaamkii syiaasadeed ee cabburiska ahaa oo dalka ka jirey Waxay ahayd maalin farxad weyn leh markii amarka lagu siiyey khubaradii dalkaas inay Soomaaliya kaga baxan muddo gaaban gudeheed, taasoo si fudud u hir gashay. Farxaddaas weyn waxaa si diirran u cabbirayey halkudhegyadii laga sii daayey Raadyo Muqdishow oo lahaa " Ruushow bax, shuushow bax"! Shuus micnihiisu - sidaan filayo- waa "tashwiish", kaasoo ahaa tilmaantii uu lahaa xiriirkii lala lahaa dalkaas. Sharaysiga joogitaanka Soofiyeetka ee dalkeennu wuxuu gaarey in wixii khayrdarro ah oo dalka ka dhacaba iyaga loo aaneeyo. Heerka sharaysigaasi garey waxaa muujinaya oraah uu oran jirey nin shufeer ahaa, oo Axmed Buraale la yiraahdo, oo wadi jirey baabuurkii aan Isbitaalka Qaaxada kaga shaqayn jirey. Mar abaar xumi dhacday buu wuxuu ku celcelin jirey " Dotoore roob ha sugin inta kaadida Ruushku dhulkeenna ku shubmayso". Waxaa yaab leh in haddiiba markii Ruushka la cayrshey uu roob faro badani da'ey, taasoo dadka ku sii qancisay in qoladaasi ahayd buq shar oo keli ah.

Sida la ogsoonyahay gaalo badan oo mad-habo kala duwan haysata ayaa iman jirtey dalka, hase ahaatee kahsiga heerkaas gaaraa wuxuu khaas ku ahaa Ruushka oo ay gaalnimada u dheerayd Ilaah-inkiriddu. Qiso caan ah oo la weriyo oo la xiriirta necaybka Ruushka loo qabey, oo run ahaan u dhacday, waxay sheegaysaa in niman caddaan ahi ay hagaajinayeen xargaha korontada ee jidka Maka Al-mukarramah. Nin Soomaali ah oo Ruushka aad u nebcaa ayaa u maleeyey inay nimankaasi Ruush ahaayeen, markaas buu inta' toorrey la baxay mid iyaga ka mid ahaa ka taagey. Ninkii oo ahaa nin Talyaani ah baa wuxuu ku habar wacday "Mamma mia" oo micrreheedu yahay (hooyadayey!), taasoo Talyaaniga caado u ah inay yiraahdaan markay dhib la kulmaan. Ninkii Soomaaliyeed markii uu arkay ilduufka weyn oo uu galay ayuu ku cataabay " Gacantay go'day ee ma nin Talyaani ah baan Ruush ahaan u dhaawacay"!

Dad la Sheegay in Xabsiga Lagu Diley

Sida aan maqlay, hase ahaatee aanan goobjoog u ahayn, dad lix qof gaaraya ayaa xabsiga lagu diley, intii aan meeshaas joogey. Warar laga soo tebiyey askartii na ilaalineysey qarkeed waxay sheegayeen in intyadii xabsigaas la geeyey uu qorshaha loogu talo galay ahaa in halkaas lagu laayo, iyadoo loogu hor marinayo Maxamed Abshir. Run iyo been mid kasta ha ahaado warkaasiye, waxaan oran karaa inaan xasuuq noocaas ahi dhicin. Qorshaha noocaas ahi haddii uu run ahaan jirey, waxaa lays weydiin karaa maxaa beddeley? Dadka fasirka ku dheereeyaa malaha waxay oran karaan: Dagaalkii Soomaali Galbeed ayaa qoshahaas beddeley. Sababta uu dagaalku wax uga beddeli karey qorshahaas waxaa la oran karaa inay ahayd in xasuuq noocaas ah oo saameeya dad intaas tiro le'eg, oo dad caan ah u badnaa oo gobol kasta oo dalka ka mid ah ka yimid, meel walbana ku lahaa qaraabo iyo saaxiibbo, uu aad u dhabqin kari lahaa socodka dagaalka oo ku guuleysigiisu u baahnaa isku duubnaan qaran.

Dadka lixda qof ahaa oo la sheegay in xabsiga lagu diley waxay kala ahaayeen:

1. Duuliyihii Amxaarka ahaa oo aan horay uga soo sheekeeyey. Ninkaas sida la sheegay in loo diley waa sidatan: Goor subax ah, annagoo markaas nala soo ood qaaday ay aan maqalnay shanqar rasaas meel xabsiga agtiisa ah ka dhacaysa. Waxaan is weydiinney waxa ay ahayd rasaastaasi? Dabadeed waxaa la sheegay inay ahayd duuliyihii oo la toogtey. Waxaa wararka laysla dhex

marayey sheegayeen in meydkii ninkaas lagu xabaalay meel xabsiga u dhow, iyadoo lagu aasay good aan aad u dheerayn, sidaas awgeedna la sheegay in meydkiisii eeyo fagteen.

2. Afartii nin oo lagu sheegay inay ahaayeen jaajuusyo Itoobiya. Sida wararku sheegayeen, nimankaas oo la weriyey in horay maxkamadi ugu xukuntay min labaatan sano oo xarig ah, waxaa xabsiga laga kexeeyey goor aroor hore ah waxaana lagu toogtey meel aad xabsiga uga fog. Taas waxaad mooddaa inay u marag kacayso in askartii la sheegay inay nimankaas kaxaysay ay xerada ku soo laabatay goor gabbal dhicii ah, iyadoo uu dharkeeda boor ka buuxo.

3. Cali Hayje oo ahaa ninkii R/Jabuuti oo aan horay uga soo sheekeeyey. Waxaa la sheegay in ninkaas oo sababta loo diley aanan garanaynnin uu Muuse Rabbiile Good, oo ka mid ahaa Golaha Sare ee Kacaanku, uu abti u ahaa. Markii lay soo daayey waxaa ii timid gabar walaashiis ah oo iga waraysanaysey arrintaas. Hase ahaatee, ma jirin war sugan oo aan siin karey oo aan ahayn intii aan maqlay.

Intii aan xabsigaas ku jirey ma maqal cid kale oo meeshaas lagu diley, Soomaali iyo ajnebi toonna.

FASALKA LIXAAD:
Soodeyntii

Labadii xabsi oo aan soo maray waxaa caado u ahaa in hadba dad hor leh la keeno xabsiga ama kuwo xirnaa la sii daayo. Hase ahaatee, sida ayan u caddayn sababta marka horeba dadka loo xirayey ayaysan mar walba u caddayn midda lagu sii deynayeyna. Intii aan Labaatan Jirow ku xirnaa dad badan baa la sii daayey, sababihii aan soo sheegay awgood iyo kuwo kaleba. Dadkaas waxaa ka mid ahaa Sheekh Cabulqani Sheekh Axmed oo aad ugu rafaaday xabsiga, siiba xagga caafimaadka.

Aniga siideyentaydu muddo aan filayo inay bil ku dhoweyd bay ka dambeysey tii Sheekh Cabdulqani. Sidii markii lay qabanayey oo kale, ayaa waxaa la ii yimid goor sagaalkii habeennimo ahayd (saddexdii) anigoo hurda. Taasi waxay ahayd arrin caado u u ahayd ciidanka hawshaas qaabilsan, habkaasoo ku abuuri jirey qofka loo yimid kado iyo baqdinba. Markii la furay albaabkii qolkii aan ku jirey, waxaa la igu yiri:

Soo aruurso alaabtaada oo soo bax, taasoo aan yeelay. Run ahaan ma garanayn meel la ii wado iyo waxa layla damacsanyahay toonna, maadaama ayan caado u ahayn askarta qofka kaxaynaysaa inay u sheegto meesha loo wado, xataa haddii ay ogtahay in la sii deynayo. Markii aan alaabtaydii xirxritay ayaa baabuur laygu soo ridey oo waxaa la isoo dhaqaajiyey xagga Baydhabo, halkaasoo aanan xuusnayn inaan ku hakannay iyo in kale. Waxaa la isoo gudbiyey Xamar oo markii aan nimid, intii aan ciddaydii la ii geynnin, lay hor geeyey Madaxweynaha, oo markaas xaruntiisu ahayd xerada ciidammada ee Afisione. Dadku malaha waxuu is weydiin karaa: Oo maxaa nin xabsi laga soo daayey oo aan weliba la jeclayn Madaxweynaha loogu gey nay aa? Hase ahaatee, arrintu ulajeeddo la'aan ma ahayn. Aniga aragtidayda, ma dhici jirin in qof caan ah oo Xamar jooga la xiro ama la soo daayo iyadoo aan Madaxweynuhu amrin. Sidaas awgeed bay caadadu ahayd in marka qofka la soo daayo isaga la hor keeno si uu u siiyo darsi hanuunin ah, oo ku saabsan waxyaalaha laga dhaliilsanaa iyo sidii uusan mar dambe Kacaanka uga hor iman lahayn, haddiiba uu awal ka hor yimid!

Dooddii na Dhex Martay Aniga iyo Madaxweynaha

Waxaa Madaxweynaha la ii geeyey goor barqadii ah, isagoo fadhiya geed har weyn oo ku yiil xafiiskiisa hortiisa, halkaasoo ay caado u ahayd inuu dadka ku qaabilo. Salaantii kaddib buu wuxuu bilaabay inuu ka warrramo sababtii la ii xiray iyo tan soodeynteydaba, isagoo yiri: " Ciidammada amnigu waxay kaa soo sheegeen inaad Kacaanka ka soo hor jeeddid oo aad camiil u tahay quwado shisheeye!". Hase ahaatee, maadaama aan ku aqaan oo aad tahay taqtar caan ah oo dalku ka faa'iidaysan karo shaqadaada, ayaan anigu gartay inaan ka tillaabsado eedayntaas lagugu soo eedeeyey oo aan xabsiga kaa soo daayo, shaqadii aad dalka u hayseyna aad dib ugu laabatid".

Runtiis bay ahayd in aqoonta guud ka sokow uu mid gaar ahna ii lahaa, maxaa yeelay muddo dhawr bilood ah, oo ku dhoweyd markii uu Kacaanku xukunka la wareegey, ayaan ahaa taqtarkiisa gaarka ah. Muddadaas guedeheeda waxaan u raacay ka qayb galkii tacsidii Jamaal Cabinaasir ee Masar.

Eedaynta uu Madaxweynuhu iisoo jeediyey, oo ahayd mid aanan garaysannin, siiba oraahda sheegaysey inaan camiil u ahaa quwado shisheeye, oo si gaar ah ii daqantay, waxaan ka iri: " Anigu wax eed ah oo aan dalkayga ka galay garan mayo". Hadalkii buu ku noqday, isagoo muujinaya inuu ku qanacsanyahay in warka layga soo sheegay uusan ahayn mid layska yiri ee uu ahaa mid sal leh. Markii aan arkay inuu ku adkaystay aragtidiisii, ayaan ku iri: " Mar haddii ciidammada amnigu inta' war xun iiga kaa soo sheegeen aad rumaysatay, haddeed waxaa dhici karta inay haddana mid kaas ka sii daran inta' iga falkiyaan ay kuu keenaan oo aad adna rumaysatid. Taasi waa mid khatar middaan ka weyn ii ban dhigi doonta. Marbase haddii arrintu sidaas tahay ayaan waxaan kaa codsanayaa inaad xabsigaygii igu celisid, maxaa yeelay mar haddii aan xabsiga ku jiro waa iska caddahay inyan jiri doonin wax laygu soo eedayn kari doono. Jawaabtaasi waxay Madaxweynaha ula ekaatay mid filan waa ah oo aan laga sugeynnin nin labo sano oo xabsi ah soo liqay! Dabadeed waxaan ogaadey in Sheekh Cadulqani uu isna sidaasoo kale ku yiri, markii uu eed uusan gelin dusha uga tuuray. Madaxweynuhu wuxuu iigu jawaabey in hadalkaygaasi ahaa mid aan kaga abaal dhacayo ciddii ka shaqaysay soodeynteyda, oo sida la garan karo uu ula jeedey isaga laftiisa. Wuxuu kale oo igu yiri: "Haddii aad adigu is dhawrtid wax dhib ah oo kuu iman doonaa ma jiraan", taasoo aan u fahmey inuu ula jeedey (haddii aad afkaaga ka adkaatid waad nabad geli doontaa).

Run ahaanta waxaa jirey dad badan oo isku hawlay soodeyntayda oo Soomaali iyo ajnebiba lahaa. Ajnebiga waxaan ka xusayaa haweeney ku hadleysey magaca he'adda Cafwiga Adduunka oo dhawr goor waraaqo usoo qortay Wasiirka Caafimaadka, iyadoo weydiinaysa sababta laygu xiray iyo haddii uu jirey wax dambi ah oo igu caddaaday. Nuqul waraaqahaas mid ka mid ah ayaa isoo gaarey soodeyntii kaddib dabadeedna ku lumay gurigaygii Xamar oo la bililiqaystay. Dabcan wax jawaab ah lagama celin jirin waraaqahaas, maadaama ayan jirin wax jawaab ah oo sababaysan oo laga bixin karey xiriddayda. Bal maleeya haddii muddadii labada sano ku dhoweyd oo aan xirnaa aan marna la ii iman oo la i sheegin wax aan ba'shey oo sababtooda la ii xiray. Waxaa kale oo isna isku shuqliyey soodeyntayda Prof. Paride Stefanini oo ahaa ninkii naga caawin jirey, wadidda Kulliyadda Caafimaadka, dhinaca iskaashiga Talyaaniga, oo dabadeed geeryoodey, isagoo weli hawshaas nala wada. Waxaa kale oo ka mid ahaa dadkaas Prof. Gallone oo ahaa qalaa caan ah ee magaalada Milano ee Talyaaniga iyo xaaskiisa. Dadaalku ma yarayn laakiin natiijadu waxay noqotay sidii Sayidku yiri, markii uu Koofi diley oo uu yiri wuxuu ku cataabay:" Wax badan baanjeeqaaqaye dheg baan jalaq la ii siin dheh".

Muddo door ah ayaa dooddii naga dhex socotey aniga iyo Madaxweynaha, anigoo aakhirkii ku iri: " Waxa keli ah oo aan qimahay inaan sameeyey waa inaan si furan oo daacad ah idiinla doodi jirey, ee haddii eeddaydu middaas tahay waan iska deynayaa".

Si uu iigu qanciyo abaalka weyn oo ii galay ayuu soo arooriyey qisada soo socota, isagoo yiri: "Waqtigii Naboliyoon uu Faransa xukumayey waxaa colaadi ka dhexaysey iyaga Ingiriiska. Labada quwadoodba waxay lahaayeen ciidan badda ah oo xoog leh, hase ahaatee waxaa gacan sarrayn la bidayey Faransiiska. Sidaas awgeed Ingiriisku wuxuu go'aansaday inuusan ciidankiisa badda halis gelinnin oo uusan dagaal ku la gelin Faransiiska. Hase ahaatee, admiraalkii xukumayey ciidankaas, oo ahaa Viscount Nelson Horatio (1758-1805), fikrad kale ayuu qabey oo isaga u gaar ahayd, taasoo ahayd inuu ciidankiisa dagaalka geliyo.

FASALKA LIXAAD: SOODEYNTII

Intii uusan ciidankii xeebta ka dhaqaajin ayaa waxaa Taliska Sare ee Ciidammadu ugu baaqay inuusan ciidanka dhaqaajinnin, iyadoo xolod dab ah loo haatiyey, maadaama uusan waqtigaas jirin hab kale oo baaq meel fog ah laysugu gudbin karey. Iftiinka hadba dhinaca loo leexsho ayaa ujeeddada baaqa laga garan jirey, oo ahayd ama dhaqaaq ama joog. Isagu markii uu arkay in joog loogu baaqay buu-hal il buu la'aaye-tii fayoobayd koofiyaddiisii saaray, si uu hadhow u yiraahdo aniga baaqii ima soo gaarin. Sidii buu ciidankii ku dhaqaajiyey, oo markii uu gaarey meeshii uu joogey ciidankii badda ee Faransiisku uu dagaal ku qaaday. Haddeed, sida Soomaalidu tiraahdo, "Geesi Ilaahay ma xiro", dagaalkii wuu ku guuleystey oo ciidankii cadowga wuxuu ka dhigay hal jaban hal jiis ah.

Iyadoo la wada kurbaysanhay oo aan la ogayn ciidankii waxa uu mutaystay ayuu soo laabtay, isagoo xambaarsan guul lama illaawaan ah, oo taariikhda dagaallada ilaa maanta lagu xuso. Hase ahaatee, sida la la ogsoonyahay, ciidammadu waxay leeyihiin xeer kala dambayn oo aan dabac lahayn. Sidaas awgeed markii uu admiraal Nelson soo noqday maxkamad ciidan baa la soo hor taagey oo ku xukuntay laba xukun oo kala daran, oo kala ahaa: Kan hore, ka xayuubin darajaddii sarkaalnimada ciidanka, kan labaadna dil. Labaddaas xukun waraaqdii ay ku yiilleen oo lagu sido saxan dahab ah korkiis, iyo isagii oo la taxaabayo, ayaa boqoradda loo keenay, si ay xukunka u ansixiso. Markii uu boqoradda horteeda yimid wuu jilbo jabsaday, taasoo uu boqoradda ku xushmaynayey. Markaas bay seefteedii dahabka ahayd garabka midig ka saartay oo tiri " Dil baa lagugu xukumay aniguna waan kaa cafiyey, waa lagu casiley aniguna waan ku dalliciyey". (Madaxweynuhu intaas buu ku soo koobay qisadii Nelson).

Hase-ahaatee, sida la ogyahay, dagaalkii labada dal ka dhex socdey intaas kuma dhammaan ee wuu sii socday ilaa aakhirkii ay labada ciidan isaga hor yimaadeen goobta Tarafalgar, halkaasoo si kama dambays ah loogu jebiyey ciidankii badda ee Faransiiska kii Ingiriiskuna uu ku hantay gacan sarrayn xagga badda ah oo abaaddey. Hase ahaatee, admiraal Nelson goobtaas baa lagu diley.

Gacan sarrayntaas buu ishaarayey Sayidku markii uu lahaa hadalka hoos ku yaal, isagoo Ingiriiska la doodaya, markii doontii hubka u keeni jirtey uu Talyaanigu ka qabsaday, laakiin uu isagu Ingiriiska ka dalbay soo celinteeda, taasoo uu isna yiri Talyaani baa kaa qabsaday ee isaga weydiiso:

"Doonnidii ma aan arag dacwad baan ka leeyahay
Dakhalkiyo shiraaciyo badda yaa u dawlo ah
Talyan waa dadkaagiyo daayiciin aad wadataa.
Haddii aadan duqlaalayn Dannood sooma aadeen
Diraac Doollo iyo Ciid dagaal uma yimaadeen
Durqun nama dhex oolline adaa hiil ka daalibay
Adaa yiri Daraawiish dagaalkeeda ii raac
Isna diradirayntaas iga daaso kuma oran
Intaad deli dhacayseen soo kulama daalayn
Sow dab iyo xoolo iyo daabbad kuguma caawinin
Hobyo wixii ka soo degey sow daraaddi kuma iman
War nin shalay damiinyohow igu diley daraaddaa
Barri haddii aan dirimana dusha iga warayntayn
Sidee kaaga daayaa adigaw dawaan ahe
Mawaan kala duwahayaa adiga iyo duunkaa"

Haddii aan dib ugu soo laabto ulajeeddadii Madaxweynuhu ka lahaa soo aroorinta qisada Nelson, oo ay boqoraddu isugu dartay inay dilkiina ka cafisey dallicisayna, waxay ahayd inuu i xusuusiyo abaalka weyn oo uu ii galay oo isugu jirey inuu xabsigiina iga soo daayey, shaqadaydiina dib iigu soo celiyey (haddii laga reebo hormuudnimadii Kulliyadda Caafimaadka oo aan hayey intii aan lay xirin).

Markii ay arrintu halkaas maraysey ayaan aniguna qisada jawaab celinta ah ee soo socota xusay. Sida qisadaiisu run u ahayd by tayduna u ahayd mid run ahaan dhacday. Qisadiina waa sidatan: "Waagii Giriiggii hore ayaa waxaa jirey nin faylasuuf ah oo la oran jirey Suqraad. Ninkaasi wuxuu ahaa nin isku shuqliya inuu baaro xaqiiqada koonka iyo waxyaalaha cajaa'ibka leh oo Ilaahay ku dhex abuuray. Wuxuu ahaa macallinkii ummaddas ee waagaas oo ma jirin qof wax yaqaan oo uusan isagu wax soo barin. Waa sidii uu macillin Jaamac Bilaal, Alle haw naxariistee, uu muddo dheer ka ahaa koofurta Soomaaliya.

Madaxda markaas dalkaas xukumeysey oo dhammi waxay ahaayeen ardadiisii. Ninkaasi ma aamminsanayn ilaahyadii beenta ahaa oo dadkiisu waagaas caabudi jirey, sida qorraxda, xiddigaha iyo waxyaalo kale, ee wuxuu rumaysnaa in sifaadka Ilaaha runta ahi ay intaas aad uga sarreeyaan. Sidaas awgeed wuxuu isku deyey inuu dadkiisa ka soo duwo caqiidadaas qaldan oo uu u soo leexsho xagga fikradda uu isagu Ilaahay ka qabey. Taasi waxay ku kallifi jirtey inuu wax ka sheego ilaahyadii beenta ahaa oo dadku aamminsanaa. Arrintaasii waxay aad uga caraysiisay dadweynihii oo dhan oo markaas uga dacwoodey dawladdii markaas joogtey. Sidii aan horay usoo sheegay, maadaama ay madaxda dawladdu ahaayeen ardadiisii, way ku cuslaatay sidii ay arrintaas tillaabo dadka raalli gelin karta uga qaadi lahaayeen.

Markii hore waxay isku dayeen inay isaga ku qanciyaan inuu iska daayo wax ka sheegidda ilaahyadii dadku rumaysnaa, maadaama uu dadku jaahil ahaa oo aan heerkiisa wax garashadu uusan gaari karin fikradda toosan oo uu isagu rumaysnaa. Hase ahaatee, wuxuu ugu jawaabi jirey: "Ma dadkayga ayaan u deyn karaa habowga diineed oo uu ku jiro, anigoo weliba ah macallinkii ummadda". Markii laga quustay baa mid ardadiisii ka mid ahaa, oo dawladda xubin ka ahaa, u soo diyaariyey doon uu rabey inuu ku fakiyo, maadaama ay arrintu meel xun maraysey. Hase ahaatee, wuxuu ku yiri ninkii doonta usoo diyaariyey: "Ma anigoo fikrad sax ah wata ayaa dhuumanaya, kuwii fikradda qaldan wateyna waxaa loo oggolaanayaa inay sii wataan fikraddoodii qaldanayd. Taasi, buu yiri, waa calaacal timo ka soo bexeen". Aakhirkii,

markii dadwyenihii isa soo tagey heer ah ama annaga ama isaga,
ayaa laga fursanwaayey in Suqraad maxkamad la soo taago,
taasoo dil ku xukuntay.

Haddaba, waxaa madaxdii ardadiisa ahayd ceeb la noqotay inay
macallinkoodii dilkiisa u adeegsadaan cid madax seef kaga goysa
ama bur ku disha. Waxay isla garteen in isaga laga dalbo inuu
ciqaabka dilka isku fuliyo, maadaama uu diyaar u ahaa inuu
fikraddiisa daafeceeda naftiisa u huro. Haddaba, waxaa cuslaatay
sidii ay suuroobi lahayd in qofku uu isagu dil isku fuliyo. Markaas
baa midkood soo jeediyey fikrad ah in dhunkaal loo soo qaso oo
cab la yiraahdo, taasoo uu yeelay. Markii uu galaaskii dhunkaasha
afka u sii wadey buu yiri hadalka soo socda: " Suntaan u cabbi
mayo in xukunka igu dhacay uu xaq yahay ee waxaan u cabbayaa
inuu xukunkii dalkayga yahay oo aanan doonayn inaan jebiyo",
suntiina qalaf buu ka siiyey wuuna dhintay (Qisadii Suqraad
intaas baan ku soo koobay).

Qisada xusiddeeda waxaan uga dan lahaa inaan muujiyo, sidii
Suqraad yiri oo kale, in amarka lay siinayey, oo ahaa ha ka hadlin
arrimaha dalkaaga, uusan ahayn mid xaq ah, hase ahaatee mar
haddii dawladdii dalkaygu sidaas igu khasabtay aan fulinayo
amarkeeda, taasoo aan ka dhabeeyey.

Markii hadalkaasi na dhex maray aniga iyo Madaxweynaha
kaddib, ayaa muddo labo sano ku dhow ciidanka sirtu i baar
ilaashanayey, si loo ogaado meesha aan tago iyo cidda aan la kulmo,
taasoo ahayd xoog khasaaray, saan illaa cid la tuhunsanyahayna
lama kulmi jirin, meel aan shaqada iyo gurigeyga ahaynna ma
tegi jirine.

Muddodaas kaddib, ayaa Madaxweynuhu, si lama filaan ah, iigu
soo cid diray. Fartiinta waxaa isoo gaarsiiyey Dr.Gaboose, oo
markaas ahaa taqtarka Madaxtooyada. Sababta Madaxweynuhu
igu soo xusuustay, muddodaas dheer kaddib, waxay ahayd in
nin ka mid ahaa ciidanka Madaxtooyada ilaaliya ay qaaxo ku

dhacday oo markaas Dr.Gaboose iigu soo diray inaan daaweeyo, taasoo Ilaahay igu guuleysiiyey. Madaxweynaha, oo ogaa ninkaas oo aad u jirran, ayaa arkay ninkii oo biskoodey, markii uu arrinta ka waraystay dadkii xog ogaalka ahaana waxaa loo sheegay sida arrintu u dhacday. Markaas buu amray in la ii yeero. Markii aan ugu imid guriga Madaxtooyada ee "Villa Somalia" si diirran buu iisoo dhoweeyey. Isagoo kaftamaya ayuu hadalkiisii ku bilaabay:"Ma sidaadii baad weli Kacaanka uga soo hor jeeddaa?" Waxaan ugu jawaabey inaanan Kacaanka ka hor jeedin ee ay ila ahayd in arrimaha qaarkood habka loo wadey mid ka wanaagsan la heli karey, taasoo ahayd waxa iga hadlinayey. Waxaan ugu daray inaanan ka soo hor jeedin inuu isagu dalka hoggaamiyo, maadaama aan u arkayey inuu isaguba ahaa muwaadin Soomaali ah, ee waxa aan raadinayey ay ahaayeen in ra'yigii wax ku ool ah la qaato, si loo saxo wixii qaldama.

Intaasi markii ay na dhex martay, ayaa Madaxwynuhu wuxuu yiri: " Maxaad uga soo qayb geli weydey hawlaha hoggaaminta bulshada?" Su'aashaasi waxay u ekayd mid aan caadi ahayn, siiba markii loo jeedinayo nin ilaa markaas lagu eedaynayey kacaandiidnimo. Waxaan ugu jawaabey inay hawlahaas gacanta ku hayeen dad badan, sidaas awgeedna aan ku biiriddaydu wax weyn ku kordhinaynnin. Waxaan intaas ku daray inaan gacanta ku hayey hawlo kale oo adag, sida macallin Kulliyadda Caafimaadka iyo taqtarnimo, oo waqtigayga oo dhan qaata. Wuxuu iigu jawaabey: "Dal aqoontu ku yartahay qofka aqoonta leh oo joogaa ma habboona inuu isku koobo farciga takhasuskiisa oo keli ah ee waxaa kale oo xil ka saaranyahay ka qaybgalka hoggaaminta bulshada". Waxaan ku adkaystay cudadaarkaygii hore, maadaama aanan xiiso u qabin hawlaha durbaantunka ee halkaas ka socdey.

Waxaa is weydiin leh waxa Madaxweynuhu uga dan lahaa su'aashaas uu ii soo jeediyey oo uu weliba isku deyey inuu igu qanciyo? Isagu iima sheegin sababta, hase ahaatee aniga iyo ciddii kale oo aan u sheegayba waxay noola ekaatey inay isaga la ahayd inaan soo dabcey oo aan intii hore ka dhego nuglaan doono, haddii xil sare la ii dhiibo. Malahaas waxaa sii xoojinaya in waqtigaasi ahaa markii laysu diyaarinayey dhismaha Golihii Shacbiga oo ugu horreeyey, oo uu dadweynuhu ku naanaysay "Golaha Sacbiska".

Haddii Madaxweynaha ujeeddadiisu run ahaan ahayd middaas aan u malaynnay, arrintaasi ma ahayn mid cusub ee waxay ahayd mid aad u dhici jirtey. Sida marar badan dhacday, qofkii la filayo inuu ra'yi gaar ah leeyahay muddo ayaa la xiri jirey, oo markii lays yiraahdo wuu nuglaadey, la soo deyn jirey, oo markaas jago sare loo dhiibi jirey, iyadoo la filayo inuusan mar dambe wixii la faro hadal ka soo celin doonin. Anigu, in kastoo aan aad muqsuud uga ahaa hawlihii aan markaas hayey oo aan soo sheegay, haddana ma diideen haddii la ii dhiibi lahaa jago sharaf leh oo aan ku wadi karo sidii aan is iraahdo danta ayaa ku jirta, iyadoo aan cid kale gacan togaalaynayn. Maadaama ayan ii muuqannin in sidaas aan soo sheegay ay suuro geli karety, duruuftii markaas jirtey awgeed, ayaan door biday inaan ku dhaqmo oraahdii Soomaaliyeed oo lahayd "Bannaanki mare maradiisa geed ma qabsado". Sababtu waxay ahayd in haddii qof jago sare hayaa uu fulin waayo amar meel sare ka soo fuley, uu taas micneheedu ahaa gacantaada isku gawrac, aniguna geesinnimo aan gacantayda iskula gawroco yeelan waayey. Eedda madax adayg noocaas ah iiga iman kari lahayd aad bay uga cuslahaan lahayd tii markii hore laygu xiray.

FASALKA TODDOBAAD:
Gunaanad

Fasalkaan oo ah gunaanadkii qoraalka waxaan rabaa inaan si kooban wax uga iraahdo saddex arrimood oo kala ah:

a) Kacaankii Oktoobar Muxuu Gudey Muxuuse Gabay?
b) Qabiil Qaran ma Beddeli Karaa?
t) Xabsigii Muxuu i Taray Muxuuse ii Dhimay?

Kacaankii Oktoobar Muxuu Gudey Muxuuse Gabay?

Inta aanan arrintaan wax ka oran waxaan jeclahay inaan labo eray oo arar ah soo hor mariyo, kuwaasoo kala ah:

- Erayga koowaad waxaa weeye, inayan jirin marxalad taariikheed oo kulligeed wada xun ama wada fiicani ee ay mid waliba isugu jirto wax san iyo wax xun, hadday doonto labada dhinac midkood haw badnaatee. Sidaas awgeed qofka taariikhda ka faalloonayaa waa inuu labada dhinacba ka eego arrinta uu markaas ka hadlayo ee uusan isku koobin dhinaca uu isagu jecelyahay oo keli ah. Haddii uu hal dhinac isku koobo arrintu waxay la mid noqonaysaa sidii ay sheegaysey oraahdii Soomaaliyeed oo lahayd "Tagoog ninkii ka dayrinayaana xagga laftuu ka eegaa, kii ammaanayaana xagga hilibka."

▫ Erayga labaadna waxaa weeye, inaan nidaam kasta oo siyaasi ahi wixii uu gudey iyo wixii uu gabay aan loo saarin karin qof keligi ah ama koox yar, ee uu mid walba oo labadaas arrimood ka mid ah dad badan, oo dawlad iyo dadweyneba lihi, qayb ku yeelanayo.

Kacaankii Oktoobar Waxa uu Gudey

Marka haddii aan ku bilaabo Kacaankii Oktoobar "Waxa uu gudey", waxaa lagama maarmaan noqonaysa in waxii arrintaas la xiriira laga eego xagga goobaha kala duwan ee hawlaha qaranku ka socdeen. Mar haddii ay arrintu sidaas tahay ay ay ila noqotay inaan goobahaas isugu xijiyo sida soo socota, anigoo ku ekaan doona xusid kooban ee goob walba wixii ka hir galay ee aanan gudo geli doonin tifaftir dheer.

a. Siyaasadda Gudaha

Xoojin dareenka qarannimo iyo heerka isku kalsoonida ummadeed, kuwaasoo jebiyey fikraddii qadiimka ahayd ee oranaysey "Dawlad baa gacan dheer", oo ku salaysnayd aragtidii qaldanayd ee ahayd in dawladda laga rabo inay wax walba qabato ay wax walbana awooddo. Dareenkaas cusub waxaa ka natiijoobey hawlgalkii "Iskaa Wax Uqabso"

Dhawrid qabta qarannimo oo is hor taagtey amar-ku-taaglaynta dawladaha shisheeye ee arrimaha dalka, sidii dhacday markii arrin uu Maraykanku watey lagu gacan sayray, 19974kii, markii

Jarmalka Galbeed lays qabtay aqoonsigii Jarmalka Bari awgiis iyo markii khubaradii Ruushka la cayrshey, 1978kii.

b. Siyaasadda Debedda
1. Ku biiridda Jaamacadda Carabta oo Soomaaliya siisay gabbaad siyasadeed;
2. Cayaarid dowr dhexdhexaadnimo iyo isudumid dalalka Carabta dhexdooda;
3. Xoojin dowrka Soomaaliya ee Afrika gudeheeda iyo guud ahaan kan siyaasadda dhexdhexaadnimada.

c. Dhaqaalaha.
1. Dhismo warshado yaryar oo ay ka mid ahaayeen: Warshadda bataroolka, tan daawada, tan caanaha, tan birta, tan sigaarka iyo tarraqa, tan hargaha iyo saamahaha, tan korontada iyo tan baastada ee Xamar; warshadda dharka ee Balcad, tan hilibka ee Kismaayo, tan kalluumaysiga ee Las Qoraay, tan kalluumaysiga ee Qandala, tan kalluumaysiga iyo laashashka ee Boolimoog, tan sibirka ee Barbara, tan sonkorta ee Mareerrey, iyo kuwa gasacadaynta (Itop) iyo labanka ee Afgooye, iwl.
2. Dhismo dekado, sida kuwa Barbara, Kismaayo iyo Boosaaso.
3. Dhismo waddooyin sida kuwa Beledweyne-Burco, Hargeysa - Barbara, Qoryooley-Kismaayo, Garoowe-Boosaaso, Berbera-Sheekh iyo tan Hargeysa- Boorame oo la bilaabay hase ahaatee uu dagaalka sokeeye hor joogsadey dhammaystirkeedii.
4. Dhismo gegooyin dayuuradeed, sida kuwa Barbara, Gaalkacyo, Balli Doogle, Kismaayo, Baydhabo iyo hagaajin kuwii horay u jirey.

d. Isgaarsiinta.

Xagga isgaarsiinta inta kor lagu soo sheegay waxaa weheliya dhismaha telefishanka qaranka, xoojin raadyow Muqdishow iyo Hargeysa iyo xoojin xiriirinta taleefannada iyo telekiska, dalka gudihiisa iyo debeddiisaba.

e. Mashaaric Beereed.
1. Hirgelin mashaariic beereed, sida kan Beeraha Degdegta ah "Crash Programme", kan suufka, iyo kan bariidka ee Jawhar, iwl.
2. Dhismo biyoxireenno, sida kan Jawhar, kan Faanoole iyo bilaabid kii Baardheere oo dhexda ka kala go'ay, dagaalka sokeeye awgiis.
3. Dhismo seerooyin daaq oo kala duwan oo loogu talo galay in xooluhu u baxsadaan xilliga jiilaalka.
4. Qodid ceelal makiinadaysan iyo kuwo kaleba.

f. Tacliinta.
1. Qaadid Ololihii tirtiridda akhris-qoris la'aanta oo dad badani ku far bartay
2. Qoridda Af-soomaaliga oo sahashey fidinta aqoonta
3. Ku fidin dugsiyo hoose/dhexe degmooyinka dalka iyo kuwo sare xarumaha gobollada.
4. Dhismo Jaamacadda Ummadda oo ka koobnayd 13 kulliyadood oo ay ka soo qalin jebiyeen kumanyaal jaamici oo ka hawl galay goobaha kala duwan ee horumarinta dalka.
5. Dhismo Akadeemiyada Hiddaha iyo Dhaqanka oo wax weyn ka qabatay uruurinta iyo xafididda suugaanta iyo dhaxalka hidde ee Ummadda Soomaliyeed
6. Dhismo Machadka Farsamooyinka Gacanta, oo ku yiil jidka gegida dayuuradaha aada ee Xamar
7. Dhismo Machadka Maamulka, Maaraynta iyo Xisaabaadka (SIDAM)

g. **Caafimaadka.**
1. Dhismo isbitaallo cusub oo ay ka mid ahaayeen kuwa Banaadir, Xoogga Dalka iyo Soos iyo xoojin kuwii horay u jirey.
2. Soo saarid tiro taqaatiir ah oo ku dhow ilaa 500, taasoo ka dhalatay abuuridda Kulliyadda Caafimaadka ee Jaamacadda Ummadda.Taqaatiirtaasi waxay dabooleen in weyn oo ka mid ah baahidii taqaatiirta ee dalka.
3. Soo saarid tiro weyn ee kaaliyeyaal iyo farsamoyaqaanno caafimaad oo ka soo qalin jebiyey dugsiyadii dantaas loo abuuray.
4. Hirgelin xannaano caafimaad oo lacag la'aan ah.

h. **Xannaanada Danyarta.**
Waxaa kale oo ka mid ahaa waxyaalihii ka hir galay xagga xannaanada bulshada dhismo goleyaal barbaarinta carruurta.

i. **Amniga**
1. Dhismo ciidan boolis oo karti leh iyo kii Daraawiishta oo sugay amniga dalka gudihiisa ah.
2. Dabbiqid ciqaabta qisaasta oo aad u yaraysay dilkii dadka iyo dagaalladii qabiilka
3. Kor u qaadid kartida iyo tababarka ciidammada qalabka sida oo joojisey ku xadgudub shisheeye ee soohdimaha dalka.

Kacaankii Oktoobar Waxa uu Gabay

In badan oo ka mid ah iimaha Kacaanku waxay aad usoo ifbexeen waayihii dambe, markii uu nidaamkii maamulku kala daatay, gaar ahaan dagaalkii Soomaali Galbeed kaddib. Iimahaas waxaa ka mid ahaa kuwa soo socda:

1. Ku guuleysi la'aan hirgelin nidaam siyaasadeed ee furfuran oo dadweynaha u oggolaada xaqa ra'yi ka dhiibashada arrimaha dalkooda;
2. Cadaadin, xirid iyo dibindaabyeyn qofkii lagu tuhmo inuu ka qabo arrimaha dalka. ra'yi ka duwan kan madaxda Kacaanka;
3. Cadaadin dadkii ku shuqlanaa hawlaha diinta oo gaartey dil xayn iyaga ka mid ah iyo xirid in badan oo kale;
4. Ka hormarin danta badbaadinta nidaamka tan guud, siiba waayihii dambe, markii uu Kacaanku cutiyoobey;
5. Kharribmid nidaamkii maamulka ee dalka, ku danaysi hawlaha qaranka iyo xatooyo xoolo dadweyne;
6. Kala daadasho ciidammada qalabka sida, oo ka mid ahaa waxyaalihii ugu doorka roonaa oo uu dalku ku faani jirey, taasoo ka timid aafadii ka dhalatay ku guuldarraysigii dagaalkii Soomaali Galbeed;
7. La soo raagid tillaabooyinkii sixidda nidaamka siyaasadeed, kuwaasoo la qaaday goor talo faro ka haaddey, sidaas awgeedna lagu guuldarraystay;
8. Xal-u-waayid bilawgii dagaalka sokeeye oo dad badanina ku dhintay hand badanina ku burburtay;

Qaybtaan ku saabsan qiimaynta wixii Kacaanku ku guuleystey iyo wixii uu ku guuldarraystay waxaan ku soo khatimayaa su'aasha soo socota oo jawaabteedu qof kasta u furantahay: "Ma la fili karaa in nidaam siyaasadeed oo ka wanaagsan kii Kacaanku uu dalka ka dhasho"? Haddii jawaabtu haa noqoto, bal qofku ha raaciyo goorta la fili karo nidaamkaas cusub dhalashadiisa iyo cidda laga fili karo inay dhaliso. Qofku inta uusan ka jawaabin su'aasha bal ha milicsado xaaladda maanta dalka gudihiisa ka taagan iyo nooca ay yihiin nidaamyada siyaasadeed ee ka jira dalalka inoo dhow ee Afrika, Carabta iyo guud ahaan caalamka saddexaad.

Haddii aan is xijinno xagga samafiladnimada, waxaa la oran karaa inay suurogal tahay in nidaam siyaasadeed oo wanaagsani uu dalka ka dhalan karo haddii arrintaas loo huro waqtiga, dadaalka iyo daacadnimada ay mudantahay.

Qabiil Qaran ma Beddeli Karaa?

Bal qofkii awoodaa haysku dayo inuu ka jawaabo su'aashaan, isagoo saldhig adag u yeelaya jawaabtiisa. Inta aan loo gudbin ka jawaabidda su'aasha waa ila habboontahay in la xuso nicmooyinka Ilaahay ku galladaystay Ummadda Soomaaliyeed hase ahatee aad mooddo inay aad uga ilduuftay. Anigoo aan is lahayn waad wada koobi doontaa nicmooyinkaas bal aan qaar yar oo ka mid ah xuso:

A. Diin iyo mad-hab mid ah;
B. Af mid ah;
C. Dhaqan mid ah;
D. Muqaal jir oo isu eg;
E. Dal isu furan oo aan qoqobyo dabiici ah lahayn;
F. Hodontinnimo dabiici ah oo aad uga ballaaran inta dadka yar oo dalka deggani u baahan karo (xoolo, beero, macaadin, khayraad badeed, cimilo wanaagsan, iwl)

Haddaba, waxaan jeclahay inaan xuso su'aal ajnebigu had iyo jeer na waydiiyo hase ahaatee aanan filayn inaan weli jawaab wax qancin karta u helnay. Su'aashaasi waxaa weeye: "Oo haddaad inta nicmo ah oo kor ku xusan wada haysataan maxaa isku kiin diray oo aad isu laynaysaan"? Waxaa dhici karta in dadka su'aashaas na weydiinayaa ay u kala qaybsanyihiin diimo, mad-habo, afaf iyo dhaqammo kala duwan oo ay haddana nabad ku wada noolyihin. Si kastoo aan u dadaallo uma helno su'aashaas jawaab aan ahayn inaan niraahno in waxa isku kaaya dirayaa ay yihiin in koox yar oo annaga naga mid ahi ay doonayso inay gaarto madaxnimo aan loo soo marin dhabbe xalaal ah,.taasoo ayan kooxdaas iyada ahi uga gabbannin dil, dhac, kufsi, burbur qaran, iyo wax kasta oo sharci Ilaah iyo mid banii-aadamba ay xarrimeyn.

Kooxdaas iyada ah mooyee, dadka intiisii kale waxay u qaybsantay in yar oo kooxdaasi ku baadiyaysay habarwacashada qabiilka iyo dadwaynihii oo aad mooddo inuu beelay wax kasta oo awood falcelin ah, sidaas awgeedna iska oggolaaday wax kasta oo loo geysto.

Arrintu si kastaba ha ahaatee, waxaan raj ay nay aa in faa'iidada ugu weyn ee dadweynaha Soomaaliyeed uu ka dheefay dagaalka sokeeye ay noqoto inuu si buuxda uga waantoobo dhalanteedka ah inay dhabbe qabiil ugu suurogelayaan wixii dhabbe qaran ugu suuroobi waayey. Taas iyadoo u marag furaysa, sow fikraddii ahayd in xukunka lagu qabsado magac qabiil ma noqonnin riyo waa ka baryey oo cid kasta oo isku daydayba dhaxalsiisay quus'iyo qomammo.

Haddaba, haddii aan dib ugu soo laabanno su'aashii ahayd "Qabiil qaran ma beddili karaa", waxaan filayaa inaan loo baahan doonin inaan sahan dheer u galno raadinta sababaha uusan qabiil qaran u beddeli karin. Waxay ila tahay inay taas inooka fillaan doonto khibraddii kharaarayd oo aan soo marnay tobankii sano ee ina soo dhaafay. Haddiise loo baahdo xoogaa halqabsi ah, bal aan milicsanno qodobbada soo socda:

▫ Qaran waa mideeye, midnimaduna xoog bay dhashaa.
- Qabiil waa kala geeye, kala tagguna taagdarro ayuu dhalaa
▫ Qaran waa wax dhise, oo 30kii sano oo aan dawladda ahayn waxbaa noo kordhayey.
- Qabiil waa burburiye, oo 10kii sano oo aan ku jirnry jahawareerka qabiilka waxaa
  burburay wixii la dhisay 30kii sano ee dawladnimada iyo wixii ay dawladihii
  gumeysigu nooga tageen.
▫ Qaran waa sidii jir dhan oo xubnihiisu isla shaqaynayaan, sidaas awgeedna waxna dhicin kara waxna dhalin kara

- Qabiil waa xubin keli ah, oo qiimo kastoo ay jirka u leeday aan gooni u noolaan karin, markii jirka laga gooyana qurunta.
- Qaran wuxuu la ficiltamaa quwado shisheeye, oo uu la beegtamaa una babac dhigaa
- Qabiil wuxuu la ficiltamaa qoyskiisa, oo uu qoomaa kalana qaybshaa.

Gabogabo

Xaaladda maanta dalka ka taagani waxaad mooddaa inay tahay, ilaa in badan, natiijadii nidaamyadii siyaasadeed ee qalaad oo aan horay usoo qaadannay oo uu dalku uga falceliye sidii jir xubin qalaad lagu tallaalay oo markaas dib usoo tuuray.

Haddaba, mar haddii aan aragnay fashalka nidaamyadas aan debedda ka soo minguurinney (kii Demoqaraadiga Barlamaani ahaa ee sagaalkii sano ee hore ee dawladnimada iyo kii Hantiwadaagga sheegtay ee labaatankii sano ee ku xigey) iyo halaagga uu qabiilku dhigay, ayaa waxaa is weydiin leh: Oo haddeed maxaa xalli inoo noqon kara? Ma nidaamyadii horay loogu guuldarraystay baan mar kale dib ugu noqonnaa, mase jahawareerka qabiilka ayaan isaga jirnaa? Haddaba, haddii aan niraahno aan nidaamyadii hore dib ugu laabanno, waxaa is weydiin leh: Oo maxaa dammaanad ah oo noo muujin kara inaan markaan ku guulaysan doonno hirgelintooda? Tan in laysaga jiro walaahowga qabiilka, malaha waxaa ku talin kara oo keli ah kuwa burburinta dalka iyo caddibaadda dadka meheradda ka dhigtay.

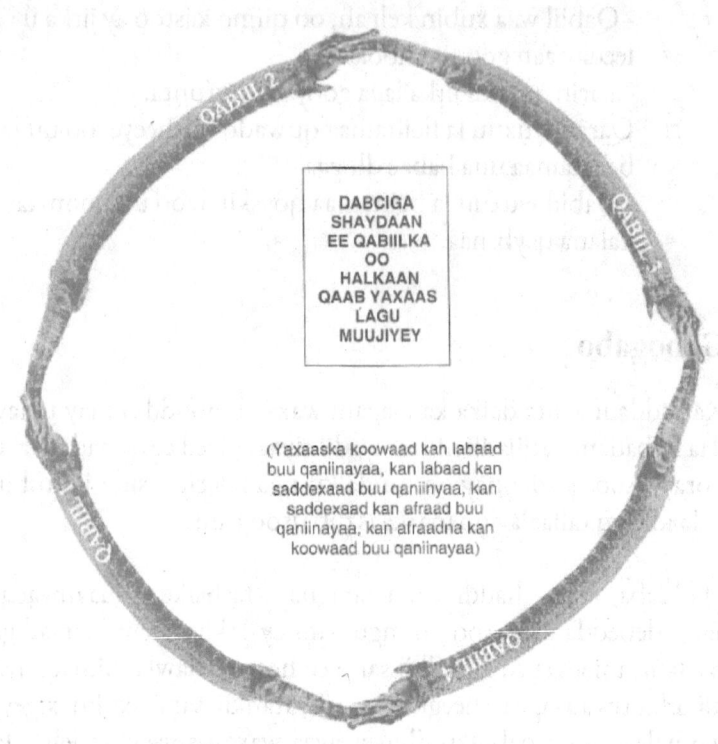

Haddaba, aniga sida ay arrintu iigu muuqato, xalligu maaha dib ugu laabasho habab horay loogu soo khasaaray iyo isaga dhex jirid qaska hadda socda oo aan khasaaro sii, kororta mooyee khayr laga filayn, ee xalliga habbooni waa mid Islaami ah oo leh astaamaha soo socda:

1. Hoggaaminta fikri ee nidaamka Islaamiga: Culimmo aqoon fiican u leh nidaamkaas fahamsanna waxa ay tahay baahida xalaasha ah ee bulsho casri ah.
2. Wasiirrada iyo madaxda sare ee kale ee maamulka dawladda: Farsamoyaqaanno aqoon gaar u leh hawlaha ay maamulayaan, raacsanna nidaamka la qaatay.
3. Magaca dalka: Jamhuuriyadda Islaamiga ee Soomaaliya;

4. Calanka dalka: Sidii hore oo lagu daray bil xiddigta hareeraynaysa (arag gadaal)
5. Dastuurka qaranka: Mid ku salaysan Quraanka Kariimka ah iyo Sunnada Dahiran
6. Sharciga dalka: Shareecada Islaamka;
7. Dhismo Gole Latalin (Mailisu Shuuraa): Oo ay xubno ka yihiin, culimmo, aqoonyahanno iyo farsamayaqaanno furuucda kala duwan ee culuunta.
8. Laqabka hoggaamiyaha dalka: Imaam;
9. Habka hirgelinta nidaamka cusub: Si tillaabo-tiilaabo ah oo ay wacyigelin iyo dhimrin badani ku dheehanyihiin.
10. Xiriirka debedda: Soodhoweyn ciddii rabta inay inala yeelato xiriir wanaagsan oo dheelli tiran.

Maadaama uu gunaanadka qoraalku ku soo beegmay waqtigaan uu Jabuuti ka socdo Shirweynaha Nabadraadinta Soomaaliyeed, waxay ila tahay inay habboontahay in madaxda halkaas isugu timid uu halhayskoodu ahaado "Maxaa Ummadda Soomaaliyeed dan u ah " ee uusan noqon "Maxaa reer hebel raalli gelin kara ama maxaa hebel lagu aammusiyaa"?, taas dambe oo ah waxa meesha aan hadda naal ina dhigay.

Xabsisii Muxuu i Taray Muxuuse ii Dhimay?

Waxaan had jeer is weydiiyaa haddii xiriddii lay xiray ay faa'iido ii ahayd iyo haddii kale. Weli jawaab sugan uma hayo su'aashaas, hase ahaatee waxaan si buuxda u oran karaa inaysan kolna khasaaro ii wada ahayn, ee wax faa'iidooyin ahna aan ka dheefay. Faa'iidooyinkaas waxaa ka mid ahaa kuwa soo socda:

1. In sababta la ii xiray ay ahayd inaan isku deyey inaan guto in yar oo ka mid ah xil qaran oo i saarnaa, kaasoo ahaa muujinta in muwaadin kastaa uu xaq u leeyahay inim arrimaha dalkiisa si xalaal ah ra'yigiisa uga dhiibto.

2. Inaan khibrad siyaasadeed iyo waayo aragnimoba ka kororsaday xabsiga, anigoo ay ii suuro gashay inaan akhristo qoraallo ayan ii suuro gasheen inaan ku akhristo xabsiga debeddiisa.
3. Inaan xogjogaal u noqday waxyaalaha ka dhacayey xabsiyada siyaasadda, oo haddii aanan geli lahayn igu ahaan lahaa dheg ka maqal. Taasi waa sababta aan u qoray qoraalkaan kooban oo aan uga dan lahaa inaan dadweynaha Soomaaliyeed la qaybsado xog ogaalnimadaas.
4. Inaan xabsiga gudihiisa ku xifdiyey 17 jus oo Quraanka Kariimka ka mid ah (Suratu Yuusuf iyo inta ka hoosaysa), taasoo aan ii suuro gasheen haddii aan debedda joogi lahaa. Intaas oo jus waxaan ku xifdiyey afartii bilood oo iigu dambeysey-xabsiga. Haddaan ogaan lahaa in xifdinta Quraariku ay sidaas u sahlantahay mar hore ay aan bilaabi lahaa, taasoo ii suuro gelin lahayd inaan Quraanka oo dhan xifdiyo, muddadii 22ka bilood ahayd oo aan ximaa.
5. Inaan xabsiga isku barannay dad badan oo qiimo leh.

(Saadaasha Dhalashada Jamhuuriyadda Islaamiga ee Soomaaliya).

LIFAAQ 1: HALGANKII GOBANNIMADOONKA *ee* GOBOLADA KOONFUREED

HALGANKII GOBANNIMADOONKA EE GOBOLADA KOONFUREED

Arar.

Qoraalkaan ku saabsan halgankii gobannimodoonka ee gobollada koofure loolama jeedo inuu yahya mid tifaf tiran oo koobaya dhacdaalihii arrintaas la xiriirey oo dhan ee waa xoogaa yar oo loogu talo galay muxaadarad loo jeedinayey Jaaliyadda Soomaaliyeed ee Pakistan.

Maadaama waqtigii dhacdaalaha halkaan ku xusani ay dheceen laga joogo muddo aad u dheer isla mar ahaantaasna aan gacanta lagu haynnin qoraalladii arrintaas ku saabsanaa ayaan ka cudadaaranayaa haddii qoralka dhexdiisa laga helo waxyaalo aan oofsan heerkii sugnaanta oo loo bahnaa.

Riyo saadaal u ahayd xoroobidda

Aabbahay, Sheekh Xirsi, Alle haw naxariistee, ayaa noo sheegi jirey, annagoo carruur ah oo miyiga joogna, riyo nin ku riyooday oo uu ku arkay nin ul guduudan wata oo gaalada xagga badda u cayrinaya iyadoo si fool xun oo "cabash cabash ah" usii cararaysa.

Wuxuu ku dari jirey in riyada dhaboobideedu ay muddo afartan sano ah qaadan karto. Haddaba, waqtiga uu noo sheegi jirey riyadaas iyo waqtigii xoroobidda waxaa u dhexeeyey muddo 15 sano ku dhow. Anigu riyadaas iyo waxaan u fasiray sidatan: in ninka gaalada cayrinayey uu Leegada ahaa, usha guduudanina calankeedii guduudnaa.

Magacyada asaasayaashii Leegada[1]

1. Cabdulqaadir Sakhaawaddiin
2. Yaasiin Xaaji Cismaan
3. Maxamed Cismaan "Baarbe"
4. Xaaji Maxamed Xuseen
5. Khaliif Hudo Macallim
6. Sayidiin Xirsi Nuur
7. Cali Xasan Maslax "Verdura"
8. Cismaan Geeddi Raage
9. Maxamed Cabdalla Xasan
10. Maxamed Faarax Hilowle
11. Dheer Xaaji Dheere
12. Maxamed Cali Nuur
13. Daahir Xaaji Cismaan.

Xisbigii gobannimadoonka

Xisbigii Dhallinyarada Soomaaliyeed, SYL (Somali Youth League) Wuxuu ahaa kii usoo halgamey madaxbannaanida Soomaaliya kuna guleystey xoraynta gobollada koonfureed.

☐ Asaaska xisbiga: 15 May 1943

---

[1] Magacyada asaasayaashii Leegada qoraagu wuxuu ku xusay dhamaadka qoraalkan, balse munaasab ahaan inta ayaa nala haboonaatay.

- Tiradii asaasayaasha 13 (ka eeg sawirradooda iyo magacyadooda lifaaqa halkaan ku xiran)
- Magicii hore ee lagu asaasay: Somali Youth Club
- Halhayska xisbiga: Soomaali hannoolaato
- Calanka xisbiga: Guduud dhexda ku leh bil iyo karaawil (dabadeed waxaa midabka calanka laga dhigay guduud iyo buluug markii ay isku darmadeen Leegada iyo xisbigii Banaadirigu)
- Salaanta xisbiga: Gacan guntan oo kor loo taagayo
- Shirarka caadiga ah ee xisbiga: Habeenka axadda
- Faafsanaanta xisbiga: Meel kasta oo dalka ka mid ah
- Ujeeddada xisbiga: Xorayn iyo midayn Ummadda Somaaliyeed
- Dhaqanka xisbiga: Reebid ku dhawaaqid iyo ku dhaqan qabiil iyo iska dhawrid iska hor imaad ururro kale

Shakhsiyaad aad uga dhex muuqdey xisbiga

Halkaan waxaan ku xusay koox ka mid ah raggii sida aadka ah uga dhex muuqdey Leegada. Marka aan qof ku tilmaamo magaalo ama gobol ulama jeedo mar walba inuu qofkaasi meeshaas aan sheegay ku dhashay ama degganaa ee waxaan ku wadaa meesha aan filayo inuu asal ahaan ka soo jeedey.

1. Cabdullaahi Ciise Maxamuud — Reer Hobyo
2. Cabdirisaaq Xaaji Xuseen — Reer Gaalkacyo
3. Aadan Cabdulle Cismaan — Reer Beled Weyne

4. Cabdirrashiid Cali Sharmaarke   Reer Bari
5. Xaaji Faarax Cali Cumar   Reer Hobyo
6. Sheekh Cali Jumcaale   Reer Beledweyne
7. Xaaji Maxamed Xuseen   Reer Xamar
8. Maxamed Axmed Cilmi "Ottavio"   Reer Hobyo

Kooxdii xaajiyaasha

Kooxdaani uma badnayn inay ka mid noqdaan idaarada Leegada hase ahaatee dawr aad u weyne bay ka qaateen hirgelinta hawlaha xisbiga, xag dhaqaale, xag odaynimo, xag latalin, iwl. Waxay ahaayeen raggii gacanta weyn ka geysteygadidda gurigii Leegada markii Talyaanigu xisbiga ka saaray gurigii uu degganaa oo ahaa guri dawladeed. Guriga Leegadu gadatay waxaa iska lahaa nin Masawici ah oo la oran jirey Sheekh Nuur oo Pro-Talyan ahaa laguna naanaysi jirey "Serpente rosso" oo micneheedu yahya abeeso guduudan. Raggaas waxaan ka xusuusnahay:

1. Xaaji Muuse Boqor   Reer Bari
2. Xaaji Diiriye Xirsi   Reer Gaalkacyo
3. Xaaji Maxamuud Cabdulle Dirir
   (Qurmuune)   Reer Gaalkacyo
4. Xaaji Maxamuud Dheere   Reer Buuhoodle

Asxaabtii Talyaaniga la jirtey iyo madaxdoodii

Talyaaniga oo ahaa dawladdii Qarammada Midoobey u xil saareen xorriyad gaarsiinta Soomaaliya arrintaas daacad kama uu ahayn oo wuxuu raadinayay inuu helo muddo tobankii sano oo la go'aamiyey aad uga dheer, oo ilaa soddon sano gaaraysa, oo u oggolaata inuu Soomaaliya sii joogo. Sidaas awgeed buu wuxuu abaabuley axsaab calooshooda u shaqaystayaal ah oo uu ku fushado qorshehaas uu watey.

1. Unione Africana Somala Maxamed Cismaan
   (Ilmuundo) Reer Matabaan
2. Partito Libarale Somalo Xaaji Baraako
   Reer Cadale
3. Partito Progresso Somalo ?? Reer Bari
4. Xisbiya Digil Mirifle C/Qaadir Moxamed
   "Zoppo" Reer Bay
5. Iyo Kuwo kale Sheekh Cabdullaahi
   Mursal Reer Bay

Dhaqdhaqaaqyadii gogoldhigga u ahaa halgankii gobannimodoonka iyo Hoggaamiyeyaashoodii

Dhaqdhaqaaqii Daraawiishta (1900-1921):

Heer qaran. Sayid Maxamed. Maadaama laga wada dheregsanyahay tariikhda Daraawiishta looma baahna inaan halka faalo kaga baxsho.

Kacdoonkii Biyomaalka (1897-1908):

Aagga Marka. Sheekh Cabdi Abiikar Gafle. Dagaalkaani muddo ayuu socdey, Talyaaniguna dhib badan buu kala kulmay damintiisa. Aakhirkii wuu joogsadey markii suldaankii Biyomaalka, Cali Ciise, oo qayb weyn ka soo qaatay dagaalku uu aakhirkii ka badin waayey inuu heshiis dagaal joojin la galo Talyaaniga (1908). Dagaalladii ugu waaweynaa mid ka mid ahi wuxuu ka dhacay aagaa Dhanaane, halkaasoo dimasho iyo dhaawac badaniba ay ku gaareen labada dhinacba. Sheekh Cabdi Abiikar oo dagaalka hoggaaminayey Talyaaniga ayaa qabtay hase ahaatee wax weyn oo la yeelay ma maqal. Sheekh Cabdi oo ka tirsanaa dariiqada saalixiyadu wuxuu xiriir la lahaa Daaraawiishta oo hub iyo saanadba ku caawintay).

Dagaalkii Lafoole (1896):

Lafoole, Abgaal. Dagaalkaan sida aan akhriyey inuu u dhacay waxay ahayd in aagga Lafoole uu iska hor imaad ku dhex maray Talyaaniga iyo dadkii halkaas degganaa (Abgaal) iyadoo meeshaas lagu diley xayn askartii Talyaaniga ah. Talyaaniga wuxuu meeshii u diray ciidan gurmad ah oo ilaa 200-250 askari h. ciidankaas saddex qof oo keli ah ayaa ka badbaadey intii kale oo uu ku jirey hoggaamiyihii ciidanka, Antonio Ceechi, waa la wada laayey. Maadaama ay gaalo ahaayeen cidina meydkoodii ma duugin sidaas awgeedna lafohoodii halkaas ayay ku bololeen, waana sababtaas midda meeshaas Lafoole loogu bixiyey.

Kacdoonkii Shabeellaha Dhexe (1923-1924?):

Jawhar. Sheekh Xasan Barsame. Kacdoonkaan sababta kicisay waxaa la sheegaa inay ka duwanayd sababihii kiciyey kuwii kale. Sheekh Xasan Barsame, Alle haw naxariistee, wuxuu ahaa nin sheikh ah oo aaggaas aad looga xushmeeyo. Sababaha la weriyo inay ku wacnaayeen kacdoonkiisa waa kuwaan:

a) In dadka beeraleyda ah oo halkaas deggani ugu shaqayn jireen Sheekha sidii addoomo uu leeyahay oo kale oo markii Yurub looga dhawaaqay joojinta is addoonsiga uu Talyaanigu isku deyey inuu qorshehaas halkaas ka bilaabay kacdoonkii uu hoggaaminayey.

b) In markii la bilaabayey dhismaha warshadda sonkorta ee Jawhar (1923?) dhul aad u ballaaran laga qaaday dadkii lahaa, taasoo la sheegay inay ku wacnayd kacdoonkaasbilaabashadiisa. Ninkii Talayaaniga ahaa oo dawrka weyn ka qaatay asaaska warshadda sonkorta waxa la oran jirey "Duca Degli Abbruzzi". Intii Talyaanigu dalka haystey Jawhar waxaa lagu magacaabi jirey "Villaggio Duca Degli Abbruzzi" oo micneheedu yahay Tuulada Duca Degli Abbruzzi. Waxaa la sheegay in Sheekh Xasan Talyaanigu qabtay 1924kii laguna xukumay 30 sano oo xarig ah dabadeedna uu ku geeryoodey xabsiga Xamar 1927kii.

Inqilaabkii Ceelbuur (1925):

Ceelbuur, Cumar Samantar. Ceelbuur waxay ka mid ahayd dhulkii saldanidii Cali Yuusuf ka tirsanaa. Markii Talyaaniga lala saxiixday heshiiskii Ximaayadda (Ilaalnta), halkaas waxaa la geeyey nin Talyaaniga matilaya oo la oran jirey "Franco Carolei" iyo ciidan uu wato. Cumar Samantar, Alle haw naxariistee, oo horay u ahaan jiey naa'ibka Suldaan Cali Yuusuf, dabadeedna loo aqoonsaday duqamagaalada, oo lagu sheegay inuu ahaa nin aad u jin yar, wuu qaadan waayey in gaalo dalkiisa u taliso. Sidaas awgeed wuxuu abaabuley inqilaab lagu diley wakiikii Talyaaniga iyo badi ciidankiisii, hub badan iyo rasaasna looga furtay. Habka uu dagaalka u abaabuley wuxuu ahaa inuu qaleaddii Talyaaniga si dhagar ah usoo geliyey rag badan oo hubaysan oo markaa si kado ah dagaal ugu qaaday askartii Talyaanigu watey. Waxyaalaha la sheego inay falkaas ku kacaan waxaa ka mid ahaa xirid la xiray saddex oday oo uu ka mid ahaa Godagodo Dharbaaxadaas kulul oo ku dhacday awgeed Talyaanigu wuxuu u masaafiriyey Suldaan Cali Yuusuf iyo xaaskiisii.

Cumar Samantar iyo raggiisii markii ay muddo aan dheerayn haysteen magaalada oo ay dareemeen in Talyaanigu ku soo duuli doono way isaga baxeen Ceelbuur oo waxay u gurteen xagga dhulka Xabashidu gumeysato, maadaama ay Talyaaniga iyo Xabashidu col ahaayeen. Halgankii Cumar Samantar intaas kuma ekaan ee waxaa dagaal kululi ku dhex maray Shiilaabo (19926) ciidammadiisii oo uu ka mid ahaa Muusa Yuusuf oo ahaa Suldaan Cali Yuusuf walaalkiis, iyo kuwii Talyaaniga. Dagalkaas kaddib Cumar Samantar iyo raggiisii waxay usii gurteen xagga xadka Soomaali Galbeed.

Dagaalkii Majeertiinya (1924-1927):

Bari, Xirsi Boqor. Dagaalkaani wuxuu bilawday markii Talyaanigu go'aansaday in labadii gobo loo uu heshiiska Ximaayadda la saxiixday (Saldani Bari iyo tii Hobyaad) uu isku deyey inuu u beddelo "mustacmarado" (dhul uu isagu leeyahay). Dagaalkaas oo socdey muddo afar sano ah wuxuu ku dhammaaday in Soomaalidii laga adkaaday oo markaas Xirsi Boqor oo hoggaaminayey halgankaasi uu dalka Xabashida magan galo. Waxaa la ii sheegay Xirsi Boqor, Alle haw naxariistee, uu Ardisababa ku duuganyahay).

Dhacdaalihii gobannimadoonka oo aan goobjoogga u ahaa

Intii aanan Xamar iman waxaa dhacay iska hor imaadkii Soomaalida iyo Hunuudda oo Soomaalidu ku guuleystey. Waxaa la sheegaa in oraahda "Soomaali Hannoolato" ay baxday intii iska hor imaadkaasi socdey, taasoo la sheego inuu ku dhawaaqay markii ugu horreysey nin Xuseen Hannoolaato la yiraahdo oo reer Caabudwaaq ah. Iska hor imaadkaas oo dhacay 1946kii anigu goobjoog uma ahayn. Hase ahaatee dhacdaalaha soo socda oo kulligood Xamar ka dheceen goobjog baan u ahaa.

Weerarki Carabta Beexaani ee Xamar (1947)

Weerarkaas oo sababta keentay ayan ii caddayn waxuu dhacay maalin Iid ah. Carabtu waxay ka soo duuleen xaafadda Beexaani ee Xamar iyagoo fardo fuushan oo hubaysan Markii ay Afar-Irdoodka marayeen ayaa halkaas dagaal ku dhex maray iyaga dad yar oo meeshaas joogey oo aan dagaal ku soo tako gelin. Markii hore Soomaalidii waa la jebieyey, hase ahaatee markii far kanaxsigii dhammaaday ayey dagaal kulul la galcen qoladii sooduushey oo halkaas ssix unloogu jebiyey. Natiijadii waxay noqotay, jebinta la jebiyey ka sokow, in la bililiqaystay dukaammadoodii oo ku dhex yiil xaafadaha Soomaalida. Maadaama aan Soomaalidu waqtigaas wax awood dhaqaale ah lahayn, xataa dukaammada yaryar oo carshaanta ah oo aaggaas ku yiil Carabta ayaa lahayd, halkaasoo maalintaas kaddib ayan dib ugu soo laabannin ee ay isku koobeen xaafadda Beexaani oo ah tii ay degganaayeen.

Layntii Talyaaniga (January 1948)

Waqtigaasi wuxuu ahaa markii ay arrinta Soomaaliyeed hor tiilley Qarammada Midoobey oo ay Leegadu dalabtay in arrinta Soomaaliya ay wadajir talo uga dhiibtaan afartii quwadood oo waaweynaa: Midowga Sofiyeetka, Maraykanka, Ingiriiska iyo Faranxiiska. Haddaba, waxaa la filayey inuu Xamar yimaado wafdi ka socda afartaas dawladood. Sidaas awgeed Leegadu waxay diyaarisay bannanbax heer sare ah oo ay ku muujinaysey awooddeda iyo taageerada dadweyne oo ay haysatey.

Talyaaniga iyo axsaabtii la jirtey raalli kama noqon Karin in la arko awooddaas iyo abaabulkaas saree e Leegada. Iyadoo uu bannaanbixii si wacan uga socdo barxadda u dhexaysa Masaajidka Isbahaysiga oo markaas ahaa qubuuro gaalaad iyo guriga Leegadu kaddib gadan doonto oo meeshaas agteeda ku yaal, ayaa goor barqadii ah qaylo soo yeertay leh: "War naadigii Leegada la qabsayey". Naadigu markaas wuxuu ku yiil meesha hadda Matxafka Qaranka ah oo qiblada kaga aaddan taallada Xaawo Taako. Dedka naadiga absaday waxay ahaayeen kuwii Talyaaniga la jirey. Halkaas waxay ku dileen Xaawo Taako, Alle haw naxariiste, dad kalena way ku dhaaweceen Maadama sidii aan horay Usoo sheegay aan Leegadu jeclayn in dhiig Soomaalyeed isku dato ayaa qofkii ugu horreeyey oo dhawaaqay yiri "War Talyaaniga! War Talyaaniga"! Isla markiiba waxaa weerar lagu qaaday Talyaanigii aaggaas degganaa, halkaaso 52 ka mid ah lagu diley hantidoodina lagu bililiqaystay.

Dagaalkii Dhagaxtuur (5 Oktoobar 1949)

Ingiriiska oo rajo ka qabey in isaga loo doorto xorriyad gaarsiinta Soomaaliyeed aad buu ugu qawadey go'aankii Leegaada oo ahaa in arrinta Soomaaliya ay si wada jir ah uga taliyaan afarta quwadood oo waaweyni. Taasi waxay keentay in xinifi ka dhex dhalatay Leegada iyo Ingiriiska oo ilaa markaas aan xumaani dhex oollin. Leegadu waxay diyaarisay bannaanbax Ingiriiska looga hor jeedey oo lagu qabtay isla barxaddii aan horay usoo sheegay. Sida aan dareensanahay bannaanbuxu ma ahayn mid Leegadu ruqsad u haysatey. Goor casar gaabkii ah ayaa waxaa yimid ninkii Ingiriiska ahaa oo magaalada xukumey oo amar ku bixiyey in bannaanbaxa la joojiyo, taasoo Leegadu diiddey. Wuxuu yiri "Shan daqiiqo ayaad haysataan si aad meesha ugu kala dareertaan".

Shantii daqiiqo markii ay dhammaatay oo la kala tegiwaayey ayuu ciidammo boolis ah oo Sawaaxili ah oo gaashaammo biro ah iyo burar wata nagu dalbaday. Haddiiba dhagax baa roobka looga dhigay oo waa la cayriyey. Sida la Sheego ninkii Ingiriiska ahaa oo ciidanka watey ayaa nin Soomaali ahi isku deyey inuu toorrey ku dhuftu, Markaas baa ciidammo hubaysan oo Ingiriis ah oo geedaha dalluugga ah oo aaggaas ku gabbanaa rasaas roobka nooga dhigeen. Arrintii waxay noqotay in dadkii kala yaacay haddii laga reebo xaajyaashii bannaanbaxa hoggaaminayey oo si naftihurennimo ah aan meeshoodii ka dhaqaaqin (Xaaji Muuse Boqor? Xaaji Diiriye Xirsi?). Anigu markii aan arkay in xaalku xunyahay waxaan ku gabbaday darbigii qubuuraha gaalada. Natiijadii waxan filayaa inay ahayd hal nin oo dhintay iyo labo nin oo la dhaawacay oo kala ahaa Dr. Cabdalla Faarax Xirsi (Reer Gaalkacyo) oo ah khabiir beeraha iyo Wasiir hore ee Wasaaradda Beeraha, iyo Ina-Cabdulle Qaawane (Reer Hoobyo). Dagaalkaas weeye meesha uu ka yimid magaca "Dhagaxtuur", goobtaasina waa meesha dabadeed laga dhisay taallada isla magacaas leh.

Iska hor imaadyadii Leegada iyo Talyaaniga dhex maray waxaa ka mid ahaa kii Kismaanyo (August 1952), oo aanan goobjoog u ahayn, dad badanina ku dhintay. Dadka uu laayey ka sokow waxaa Taalyaanigu hargaamo badan u geystey xoghayihii Leegada ee gobolkaas, Bashiir Qslaaye.

Fikraddii Calanka Soomaaliyeed

Maadaama loo sii dhowaanayey waqtigii xorriyadda, ayaa la soo jeediyey in calan la sii diyaariyo kaasoo la saaro marka dalku xoroobo. Arrintii waxaa la hor keenay Barlamaankii ku meel gaarka ahaa oo Talyaanigu Sameeyey (Consiglio Territoriale). Noocii uu calanku noqon lahaa waa laysku khilaafay oo xisbi waliba wuxuu jeclaystay in calankiisa la qaato, taasoo Leegadu ugu cod weyneyd. Markii lays mari waayey ayaa Maxamed Cawaale Liibaan (Reer Gaalkacyo) oo xubin ka ahaa barlamaanka soo jeediyey fikradda soo socota, taasoo la wada oggolaaday: "In, maadaama ay arrinta Soomaaliyeed maamulayeen Qarammada Midoobey, la qaato calankooda buluugga ah, kaasoo dhexda looga dhigayo xiddig shan gees leeh oo tilmaamaysa shanti qaybood oo dalka Soomaaliyeed isticmaarku u kala qaybiyey". Fikraddaasi waxay noqtay mid si sahlan u xallisay khilaafkii arrintaas ka taagnaa. Calanka Soomaaliyeed waxa la saaray markii ugu horreysey bishi Oktoobar 1954kii). Heesta caanka ah ee calanku waxay ka timid midabkiisa buluugga ah:

"*Qolaba calankeedu waa caynoo*"
"*Innana keennu waa cirkoo kale ee*"
"*An caadna lahayn ee caashaqa ee*"

Saadaal Xun ee Joornaal Talyaani ah

Markii Calanka Soomaaliyeed laysku waafaqay ayaa joornaal Talyaani ah oo aan filayoo inuu ahaa "Il Tempo" maqaal ka qoray arrintaas. Cinwaanka maqaalku wuxuu ahaa "Troppe o troppo poche le cinque punte della Stella Somala"? oo micneheedu yahay: ma aad bay u badanyihiin mase aad bay u yaryihiin shanta gees ee Xiddigta Soomaaliyeed? Qaybta hore ee su'aasha waxaa qoraaga maqaalku ku muujinayey shakiga uu ka qabey in Soomaalidu isu keeni kari doonto shanta qaybood oo dalka loo qaybiyey. Dhab ahaan arrintu sidaas bay noqotaymaadaama aan ku guleysanney isukeenidda labo qaybood oo keli ah. Marka, sida ay la ahayd qoraaga, malaha waxaa habboonayd in la yareeyo geesaha xiddigta. Qaybta labaad ee su'aasha wuxuu ula jeedey in dhismaha qabaliga ah oo Soomaaliya ka jira awgiis ay cuslayd hirgelin midnimo dhab ah ee Soomaalidaa oo ay sidaas awgeed malaha hayd in xiddigta geescheeda la gaarsiiyo ilaa tirade qabiillada. Qaybtaan dambe ee saadaashu waxaad mooddaa inay tilmaamayso xaaladda haatan dalka ka taagaan Haddeed, sow idiin lama eka in sadaashaas xun ee qoraaga maqaalku dhabowdey?

Xoogaa la mid ah heesihii iyo gabayadii gobannimodoonka

Soomaaliyey toosoo:

Heestaani, malaha, waa midda ugu caansan oo la qaadiyey jirey mar kasta ama meel kasta oo laysugu yimaado. Erayada heestu waxay si qoddo dheer u cabbirayaan fikraddii siyaasadeed ee Leegada ee baraarujinta dareenka qarannimo, iskaashiga iyo u daqnashada dadka tabarta yar.

"Soomaaiiyey toosoo, toosoo isku tiirsada ey"
"Hadba kiinna taag daraney taageera weligiiney"

Xaaladda haatan dalka ka taagan marka la eegu waxaad mooddaa inaan micnicii qaaliga ahaa ee heestaas u beddelney sida soo socota:

"Soomaalaay is diidoo is dagaala weligiin"
"Hadba kiinna diifaysan daaqadda ka tuuraay". Anigaa iri

Jiiftadii Cali Xuseen

Halkaan waxaan ka geleynnaa qaybo ka mid ah jiiftadii Cali Xuseen, gabyaagii Leegada, Alle haw naxariistee. Qaybta ugu horraysaa waa tii "gacalkaa usoo jeenso".

j. Gacalkaa usoo jeenso ha gunaanad seegine

Jiiftadaan wuxuu ku guubaabinayey dadkii Talyaaniga la jirey, isagoo u muujinayey inay dhabbaha ay ku joogaan u ahaa mid ay ku halaagsamayaan.

"Nimanyohow garaadkiisa nimaan meel ku gaarayn"
"Oo aan wax garanayn gado ciidda mooyee"
"Haddaan gabay usii dhiibo war ma la iiga geynee"?

"Waa gobo'di manatee hadalkayga gunudoo"
"Intii aan muddau gaaban is garwaaqso caawoo"
"Gacalkaa usoo jeenso ha gunaanad seegine"

"Gaalleef af badan baad isku gawracaysaa"
"Galaaskii suntan ahaa gudub baad u laacdaye"
"Indhahaa ku goofayee godka waa arkaynnaa"
"Ee gacalkaa usoo jeenso ha gunaannad seegine"

"Nimankaad gargaarayso gabar lama xisaabnide"
"Afguduudintii baad qosol gaara mooddaye"
"Ilaahay ninkii gooyey gaashaan ha moodine"
"Waa kula galaasoo dambi gaama gaabnee"
"Godka uu tegaayaa adna gogoshu kuu taal"
"Ee gacalkaa usoo jeenso ha gunaanad seegine"

k. Boondheere geeskiisiyo gudihii Wardhiigley

Jiftadaan wuxuu tiriyey markii dadkii labadaas degganaa oo markii hore Talyaaniga la irey ay hal mar Leegada iksu soo shubeen.

"Boondheere geeskiisiyo gudihii Wardhiigley"
"Ragga garabka noo keenay iyo gaalo jebiskii"
"Gallad Eebbe weeyoo gaban nagama bayrine"
"Gallad Ebbe weeyoo caawaan gam aynnaa"

l. War waa duni asmaysane ninkii uumi geliyow

Jiftadaan wuxuu tiriyey mar xisad darani kacsanayd oo laga baqayey in laysku dhaco, isagoo dadka uga digayey inay fidnadaas sii kordhiyaan iyo inay dalka nafac yar siistaan ama dadkooda halgamaya ka leexdaa.

"War waa duni asmaysane ninkii uumi geliyow"
"Sideedaba u oloshee ninkii sii afuufow"
"Ninkii eebo xoogliyo ableyda u galaystow"
"Anfac aan wax tarahayn iyo adduun kii na siistow"
"Oogada madaw iyo ninkii ururka diidow"
"Inkaar baannu kugu reebnay iyo urug ku tuurtee"

m. Irridaha magaalada haddaan been ka unugtaan

Jiftadaan wuxuu u tiriyey inuu waano ugu gudbiyo dadka suuqyada beenta ka unka ama iyagoo aan waxba hubsan buuqa abuura.

"Irridaha magaalada haddan been ka unugtaan"
"Idinkaanwaxba ogeyn haddaad amamagleysaan"
"Arrintii la keenaba haddaad araxda goysaan"
"Sidee uunka loo wadi waa la ashqaraaraye"

"Nimanyohow Idaarada mar haddi la aaminey"
"Haddii Aadan laba goor axdi weyn idiin galay"

"Ninkii meel ka eeseeyey ardal weeye kaasuye"
"Waa maxay abaalkiisuu wuu edebdarroodaye"

Talyaani waa nimaan sir aqoon

Geeraarkaan waxa tiriyey Yuusuf Dhenged markii Talyaanigu Leegada ka saaray naadigii ay degganayd oo ahaa guri dawladeed.

Doofaar baqtiyey

Jiiftadaan oo aan hal bey doo keli ah ka hayo waxaa loo tiriyey nin dadkii Talyaaniga la jirey ahaa oo Bari ku geeryoodey oo markaas la diidey in lagu xabaalo quburaha dadweynaha.

"Doofaar baqtiyey u dubaaxinmaynnee waxna dabadi noqotay in dhurwaa daliigee"

LIFAAQ 2: SHEEKOOYIN SOOMAALIYEED

SHEEKOOYIN SOOMAALIYEED

Arar

Waxaan halkaan ku soo uruuriyey koox sheekooyin Soomaaliyeed ah oo aan uga dan leeyahay in carruurta Soomaaliyeed hesho wax ay ku madadaalato iyo in dhaxalkaas hidde ee ummadeenna laga badbaadiyo lumid aan ka soo kabasho lahayn. Soo gudbinta sheekooyinka waxaan door biday inaanan waxba ka beddelin erayada sheekooyinka ku soo arooray ee aan sidii aan u maqlay usoo gudbiyo, anigoo aan ku beddelin kuwo garashadoodu ka sahlantahay. Sidaas waxaan u yeelay inay ila tahay in erayada af-soomaaliga laftigoodu ay ka mid yihiin waxyaalaha mudan in lumidda laga badbaadiyo. Meelo yar, sheekooyinka qaarkood, waxaan dhex geliyey qeexid kooban si ay u sahlanaato garashada ujeeddadu. Sheekooyinka waxaan u weriyey siddi aan u maqlay iyo mid walba inta aan ka xusuusnahay.

[Sheekada 1aad] KAL CALAWI.

Erayga "Kal" oo aan filayo inuu yahay kan ugu micneyaasha badan af-soomaaliga oo aan anigu kolba. u aqaan ilaa toddobada micne, oo aan isugu keenay weerta hoos ku qoran,[1] (badyaro).

---

1 Kal hore haddaa, xoolaha oo kal gashaday, annagoo kal ka

Sida sheekadaani sheegayso waxaa samada labaad ku taal kal biyo ah oo la yiraahdo Kal Calawi. Magaca "calawi" ma hubo meel laga soo xigtey. Waxaa dhici karta inuu ka yimid Carabi oo ah "culuwi" oo micneheedu yahay sarrayn.

Haddaba sida sheekada ku soo aroortay, kashaasi waa meesha biyaha roobku ka yimaadaan. Kashaas waxaa ilaaliya oo ku heeraaran, Sida sheekadu sheegayso, afar mas oo mid waliba madaxa ku hayo kan ku xiga dabadiisa, si aan cidin u hawaysan inay biyahaas ka cabto. Inta jiilaalku socdo oo dhan shimbir baa kashaas ku dul wreegaya si uu hal mar u cantuugo. Dhibaato badan kaddib buu hal mar inta' madaxmadax isugu soo tuuro biyahaqurquriyaa. Intaas uu soo cabbey ayuu ku dul mantagaa circa soke oo daldalool leh. Markaas baa samooyinka sare qayliyaan oo waxay yiraahdaan "Daldaloolow war biyaha celi". Markaas buu yiraahdaa "Maxaan celiyaa uunka hoosa Ilaahow lehe"

Sida qisada laga fahmayo daruurta roobku sidaas bay biyaha ku heshaa, roobkuna ku da'aa. Iyadoo taas la xiriirta ayaa markii daruurtu aad u cokantahay la yiraahda Kal Calawi ayay ka soo cabtey.

[Sheekada 2aad] DABAGAALLE IYO DHULKA OO XABBAD QUULLE AH ISKU QABSADAY.

Dabagaalle oo ah bahal saangurta u eg oo dabo dheer leh, taasoo ah sababta magacaas loogu baxshey, ayaa xabbad quulle ah helay. Quulle waa miraha gumarta ama jeerinka iyo geedo kaleba, oo inta' la dubo la cuno. Dabagaalluhu aad buu quullaha u jecelyahay, taasoo si fiican looga garan doono dadaalka badan oo uu galay sidii uu xabbadda quullaha ah keligi u cuni lahaa, inkastoo uusan ku guulaysan dadaalkiisaas.

---

cabbaynna, ayaan dameer kal iri, kal saarnayd baa ka dhacday oo wiil kal ka jwbisey, markaas baan kal xumaaday.

Markii uu isagoo aad ugu faraxsan helidda xabbadda quullaha ah uu u fariistay inuu cuno ayaa dhulku ku yiri "Inoo qaybi". Dabagaallihii ma garaysan arrintaas oo wuxuu isku deyey inuu xabbadda quullaha ah la fakado si uu keligi un cuno. Hase ahaatee dhulkii baa mar kale ku yiri "Inoo qaybi". Dabagaallihii wuxuu is yiri malaha in kafaaya ah ma aadan ordin si aad quullaha meel dhulka ka foh ula tagid. Halkaas buu xusulduub horle ka bilaabay. Markii uu orod dheer kaddib fariistay oo is yiri haddaad dallaal u heshay quullaha cuniddiisa, ayaa haddana dhulkii ku yiri "Inoo qaybi"

Dabagaallihii markii uu arkay inuu ku guul darraystay qorshihii la carraridda quullaha ayuu is yiri geed dushi la fuul oo halkaas ku cun, sidaasoo uu yeelay. Hase ahaatee, dhulkii baa ku yiri "Adiga iyo geedka ayaan isku kiin liqayaa haddii aadan soo degin oo quullaha qaybtayda iga siinnin". Dabagaallihii waxaa dani ku kalliftay inuu soo dego oo quullihii dhulka la qaybsado. Xikmadda qisada ku jirataa waxaa weeye inay maangaabnimo tahay inaad isku daydid inaad cid ka awood roon xaqeeda dhaafsiisid.

[Sheekada 3aad] WIIL MARTI AH OO DHURWAA QAADAY

Wiil socdaal ah baa qoys reer miyi ah ku soo hoydey markaas bay ka seexdeen oo ayan wax cunno ah siinnin. Wiikii maadaama uu aad u daallanaa wuxuu seexday geed cidda agteeda ah dugsigiisa. Goor saq dhexe ah ayaa wiilkii dhurwaa qaaday. Qayladiisii ayaa waxaa maqlay ninkii reerka lahaa oo markaas inta' soo orday dhurwaagii ka soo dhigay, isagoo nasiib wanaag uusan wax weyn yeelin. Markii uu wiilkii saskii ka ba'ay ayaa ninkii wuxuu yiri "War sow kuuma roonayn haddii aan dhurwaaga kaa soo dhigay"? Wiilkiijawaabtii lama raagine wuxuu yiri "Iima aadan roonaanayne sidaadaad wixii wax cunaba u necebtahay"!

[Sheekada 4aad] SIDII MADKO FOOD KU JIRA HAYGU SOO FOOGNAAN

Nin reer miyi ah baa wuxuu soo ugaarsaday sagaar. Maadaama uusan rabin in arrintaas derisku ogaado oo uu markaas hunguryeeyo, ayuu damcay inuu hilibka sagaarka hawdka ku soo bisleeyo oo markaas si qarsoodi ah ciddiisa ugu keeno. Hase ahaatee, maadaama uusan kabriid haysannin wuxuu u baahday inuu madkihii guriga yilley soo doonto si uu dab ugala baxo (Madkuhu, qofkii aan aqoon, waa labo qori oo markii laysku xurbiyo dab dhala, sida kabriidka oo kale). Nasiib darro, wuxuu gurigii yimid iyadoo ay dad deriska ka mid ahi la joogaan xaaskiisii, waxaana ku cuslaatay sidii uu xaaska u weydiin lahaa meesha ay madkihii ku jiraan. Markaas buu xaaskii hruuf ku bilaabay isagoo iska dhigaya inuu u caraysanyahay. Xaasku waxay ahayd qof dhug badan oo haddiba way garatay waxa uu u dan lahaa. Markaas bay iyadoo iska dhigaysa inay ka carootay buuqiisa ayay ku tiri "War sidii madko food ku jira haygu soo foognaane iga tag", oraahdaasoo ay ula jeeddey inay u sheegto in madkihii aqalka fooddiisa ku jiraan, taasoo uu isna gartay oo markaas halkaas kala baxay.

[Sheekada 5aad] KEEROW FIQI MA TAHAY

Dabagaalle, tuke iyo maro-ku-dheg oo isku hooyo ah ayaa hooyadood sakaraaddey, markaas ayay qaybsadeen hawshii jinaasadeeda. Dabagaallihii waxaa loo diray inuu keeno wadaad habarta gunaanada, tukihiina inuu waaberi keeno, maadaama uu waqtigu habeen ahaa oo aan waxba la arkaynnin, mara-ku-dhegtiina waxaa loo xil saray inay kafantii keento.

Haddaba, bal aan aragno sida uu mid waliba hawshii loo diraay isaga xil saaray. Dabagaallihii maadaama uusan aqoonnin yaa wadaad ah yaanse ahayn baadigoobkii aad buu ugu dheeraaday. Sida bahalkaas caadada u ah, markii uu qof arkaba jeenyaha ayuu kor u qaadaa iyadoo la sheego inuu keeyahay "Keerow fiqi ma tahay" oo uu ula jeedo sheikh ma tahay habarta Yaasiinka ku akhriya.

Tukihii isagu habeenkii oo dhan buu guuraynayey isagoo waagii raadinaya. Waagii wuxuu baryey isagoo tukihii reer agtiis lafo ka guranayo. Halkaas buu ka soo xusul duubay, isagoo raba inuu walaalihiis ugu bishaareeyo inuu waagii soo helay. Markii uu ciddii u yimid buu yiri "Waagii waxaan soo helay isagoo reer agtiisa lafa-lafaysanaya", taasoo ah sida tukuhu yeelo marka waagu baryo, isagoo u maleeyey in waaberiguna uu subixii cidaha agtooda lafaha ka gurto.

Maro-ku-dhegtii kafanta loo diray iyaduna waxba ma ayan hagran ee waxay bilawday inay maradii ay aragtaba ku dhegto si ay u qaadato oo hooyadeed loogu kafno, hawshaas oo ay weli waddo.

Hadal iyo dhammaanti, in kastoo ayan saddexdii ilmood waxba hagrannin si hooyadood dug maamuus leh u hesho, haddana habartaasi nasiib uma yeelannin inay hesho duugtiihabboonayd oo ay ilmeheedu la rabeen,, sababtoo ah inaan midkoodna ilaa hadda so oaf jarin hawshii loo diray.

[Sheekada 6aad] CADCAD INA-CIIDOOLE

Nin iyo naag is qaba ayaa damcay inay reer deriskooda ah ka xadaan subag qumbe ugu jirey. Hase ahaatee reerkii subagga lahaa cid ka mid ah baa had iyo jeer guriga joogtey, sidaas awgeedna waxaa cuslaatay sidii loo fulin lahaa qorshihii xadidda. Aakhirkii ninkii iyo naagtii waxay qorshaysteen inay subagga xadaan iyadoo cidda guriga lihi joogto. Si loo fuliyo qorshehaas ayay waxay abaabuleen dagaal been ah oo dhexdooda ah. Haddaba, isagoo isagu is caraysiinayo oo ul weyn la haarayo iyadiina baquli weyn sidato ayay reerka gurigiisii ku soo rooreen. Reerkii oo yaabban baa debedda usoo wada baxay si ay u kala celiyaan. Naagtii iyadu waqti ma lumine reerka gurigiisii bay dalaq tiri, iyadoo iska dhigaysa inay nafteeda la baxsanayso, isagiina ciddii baa iridda ku celisey, isagoo iska dhigaya inuu rabo inuu guriga ugu dhaco oo dilo.

Naagtii haddiiba waxay bilawday inay qumbihii subagga furto si ay baaquligii ay sidatey ugu gaddisato. Hase ahtatee, axaa ka hor timid arrin ayan filaynnin oo ah in subaggu isugu jirey in socota iyo in fadhida, sidaas awgeedna ayan suurogal ahyan in baaquliga lagu wada gaddiyo (wuxuu ahaa nooca la yiraahdo ciidoole-cundhuq). Markaas bay damacday inay u baaqdo ninkii oo weli lagu celcelinayo aqalka iriddiisa, oo waxay tiri, iyadoo iskadhigaysa in isaga caayayso, "Adoogaa Alle cadaab cacad ina-ciidoole", oo ay ula jeeddey inay u sheegto subaggu nooca uu ahaa. Isagii haddiiba wuu gartay baaqa oo wuxuu yiri, isagoo iska dhigaya inuu iyada caayayso, "Adoogaa Alle cadaab ruxrux ina-ruxaanshe" oo ula jeedey inuu u sheego inay subagga ruxruxdo si uu jilco oo ay markaas shubiddiisu u sahlanaato, taasoo ay yeeshay.

Naagtii intay qumbihii dabooshay bay iyadoo baaquligii oo subag ka buuxosidata reerka aqalkiisii gadaashiisa ka dustey, iyadoo cidii weli niinkii aqalka hortiisa ku yuraynayso. Waa dambe ayaa ciddii aragtay qumbihii oo maran, iyadoo aan garannin jinni iyo insi midda ay tahay cidda subaggii xadday!

[Sheekada 7aad] XUNGURUF

Xunguruftu waa jireen male ah oo leh muuqaal qof haween ah jeexi, sidaas awgeedna leh hal il, hal dheg, hal gacan iyo hal li goo keli ah. Sheekada xunguruftu waxay ka mid tahay kuwa dadka ku abuura baqdinta. Uunkaas yaabka leh oo duur joogga ahi wuxuu caan ku yahay inuu qofkii uu helaba haragga wajiga ka diirato. Qisoouinka xungurufta la xiriira oo la weriyo waxaa ka mid ah kuwa soo socda:

1. Waxaa la sheegaa in wiil Higis la yiraahdo ay hali lug ka jebisey oo markaas wiilkii ay gela wada jireen uu geed higlo ah saaray si uu xungurufta uga badbaadiyo, ilaa

looga soo gurmanayo. Markii uu wiilkii geeli soo hoyiyey ayuu ciddii u sheegay sida wax u dhecee. Xungurufta waxaa caado u ah inay guryaha u dhabbe gasho si ay u ogaato haddi reerkaas qof debedda ka jiro oo markaas intay raadsato haddii ay hesho ay haragga wajiga uga diirato.

Xunguruftii waxay ku soo aaddey reerkii wiilku ka jabay, halkaasoo ay ka ogaatey in wiilkaas geed higlo ah la saaray. Iyadoo iska dhigaysa wiilka jabay hooyadiis kuna cataabaysa "Higisow, Higisow haadaye hal baa jebisuu lahaa, Higisow, Higisow haadaye higlaan saaruu lahaa" ayay soo aaddey meeshii wiilka lagu sheegay. Waxay soo oroddaba waxay timid geedkii uu wiilku saarnaa. Wiilkii haddiiba wuu gartay inay xunguruf tahay hase ahaatee wuxuu iska dhigay inuu rumaysaty inay hooyadiis tahay. Markaas buu wuxuu usoo laalaadiye xarig dheer oo uu hastey, markii ay usoo dhowaateyna xariggii buu u gooyey. Markii uu sidaas dhawr goor u galay bay quusatay oo isaga tagtay.

2. Qisada labaad ee xungurufta ku sasabsani waxay sheegaysaa inay usoo dhabbe gashay nin iyo haweeneydiisii oo uu isagu ku leeyahay naa geela ayaan caano kaaga soo lisayaaye haddii ay xunguruftii kuu timaaddo haw jawaabin ee wajigaaga ka daboolo. Markii uu ka dhaqaaqay bay u timid iyadoo iska dhigaysa ninkii oo caanihii u sida, oo waxay tiri "Naa caanahaan hoo". Naagtii iyadoo fulinaysa amarkii ninkeeda ayay iska dhega tirtay hadalkii xungurufta. Xunguruftii si ay naagtii u qanciso kaadi bay shalalaq ka siisay oo tiri "Naa caano waaye caanihii date". Naagtii run bay mooddey oo soo booddey. Haddeed waa sidii ay xunguruftu rabtaye wajigii ayay ka furuxsatay.

[Sheekada 8aad] DHEGDHEER

Sheekada Dhegdheer waa mid aad caan ugu ah hiddaha Soomaaliyeed. Dhegdheer waxaa la sheegaa inay ahayd dad qalato caan ah oo dadka ugaarsan jirtey. Inta aanan guda gelin sheekada Dhegheer waxaa ila habboon bal inaan wax iska weydiinno fikradda dadqalnimada ee sheekadaani ku salaysantahay. Ma runbaa inay dalkeenna ka jireen dad dadka qalan jirey oo hilibkiisa cuni jirey, sida dugaagga? Arrintaasi waxay si weyn uga hor jeedda dhaqanka suubban ee Ummadda Soomaaliyeed oo sida qoddada dheer ugu salaysan Diinta Islaamka. Maadaama la sheego in Islaamku Soomaaliya soo gaarey intii uusan gaarin Madiina Al-munawara, taasoo dhacday waqtigii hijradii labaad ee saxaabadii Rasuulku u haajireen Geeska Afrika, ayaa waxaa la oran karaa inaan dadqalnimo ka jirin Soomaaliya tan iyo markii Islaamku soo gaarey.

Intii taariikhdaas ka horreysey laftigeeda lama hayo wax caddaynaya in falka noocaas ahi uu dalkeenna ka dhici jirey. Waxaa la sheegaa in cunidda hilibka dadku ay ilaa waqti dhow ka jirtey meelo Afrika ka mid ah, taasoo la xiriirtey aragti cibaado. Sida la sheego dadka falkaas samayn jirey waxay cuni jireen hilibka waalidkooda ama qaraabadooda kale oo ay u arkayeen inay ahaayeen dad barakaysan oo ay cunidda hilibkooda uga dan lahaayeen in barakoodu iyaga sidaas ugu soo wareegto. Haddaba, haddan dib ugu soo laabto sheekada Dhegdheer, waxaa xusid mudan in la sheego inay sheekadaas ku lammaansantahay tii Catir-caano-kudhuuge iyo gabdhihiisa, oo marna gogoldhig u ah marna ay isa soo dhex gelayaan.

Catir-caano-kudhuuge wuxuu ahaa nin aad sabool u ah oo lix gabdhood dhalay oo ay naag aayadood ahi u haysey. Xoolo wuxuu ka lahaa hal irmaan oo keli ah oo caaneheeda yar reerka oo dhammi wadaagi jirey. Xoogaaga yar oo hasha caaneheeda isaga kaga soo aada wuxuu ku dhuugi jirey catir si ayan dhaqso uga dhammaannin, Waa taas sababta catir-caano-kudhuuge loogu bixiyey.

Habeen habeennada ka mid ah markii uu dhammaystay qaybtii yarayd oo uu xaanaha ku laha ayuu yiri "War caanuhu macaanaa"! Markaas baa naagtiisii ku tiri "War maad gabdhaha miidaamisid si aad hasha caaneheeda ugu keliyeysatid". Catircaano-kudhuuge fikraddii wuu la dhacay oo wuxuu gabdhihii u sheegay in isaga iyo iyagu ay berry arah u baxayaan, taasoo ah in miro la soo gurto (hohob, dhafaruur, mirocas iwl). Markii ay meeshii miraha laga soo guranayey tageen ayuu ka soo dhuuntay. Si ay ugu maleeyaan inuu weli meesha joogo ayuu maradiisii dul saaray saxaradiisii oo intuu fal sixir adeegsadey ka dhigay mid hadlaya. Sidaas awgeed markii ay gabdhuhu "Aabbe" yiraahdaanba saxarada ayaa "Hee" lahayd. Wuxuu kale oo sameeyey inuu koortii ratiga geed ka lulay oo markii ay dabayshu dhabataba ay u yeeraysey sidii iyadoo ratiga qoortiisa ku xiran.

Makii gabbalku sii dhacayey ayay gabdhihii oo sida mirihii ay maalintii oo dhan gurayeen yimaadeen meeshii ay odaga ku ogaayeen, halkaas oo ay ka heleen saxaradii iyo maradii odaga oo is dul saran iyo koortii ratiga oo geed ka lulata. Maadaame habeenkii dumey meeshuna ahayd meel cidla ciirsi la' ah oo dugaag badan, gabdhihii xaalkoodii wuxuu noqday naftayey I bixi! Sidii ay u cararayeen ayay waxay ka soo dul dheceen gurigii Dhegdheer oo markaas maqan. Guriga waxaa joogtey gabar ay dhashay oo aan dhaqanka habarta waafaqsanayn, hase ahaatee aan helin meel ay uga cararto.

Gabadhii waxay gabdhihii u sheegtay in hooyadeed dad qalato tahay haddii ay gacanta u galaanna ay qalanayso, sidaas awgeedna ay kula talinayso inay meesha isaga cararaan inta goori goor tahay. Gabdhihii waxay gabadhii ku yiraahdeen awalba libaax baa cuni lahaa, marka maadaama ayan jirin meel aan ku badbaadaynno waan iska joogeynnaa waxkastoo aan la kulannaba.

Gabadhii waxay hindistey qorshe ay gabdhaha hooyadeed uga badbaadiso, oo waxay ku tiri markii ay habaartu timaaddo oo dareento joogiddiinna ku soo yaaca oo si diirran usoo dhoweeya. Goor caweysinkii ah ayay Dhegdheer timid iyadoo sidata meydkii wiil timacadde la yiraahdo oo ay soo ugaarsatay.

Gabdhihii markaas waxay ku dhuumanayeen aqalka raartiisa. Haddiiba markii ay timid way tuhuntey in guriga cid kale joogto oo intay sanka kor u taagtey bay waxay tiri "Maandhey naas gabdheed baa ii uraya". Gabadhii waxay tiri "Hooyo waa kayga", hase ahaatee kama aysan rumaysan. Markaas baa gabdhihii soo yaaceen, iyagoo leh "Ayeeyo waa annaga, ayeeyo waa annaga"! Markaas bay inta' kala badatay tiri "Maandhooyow injirta iga dila", taasoo ay yeeleen. Haddeed waa la wada garan in habartaas aan weligeed qubaysani ay u baahnayd ciidan intaas tiro le'eg oo injirta ka dila!

Gabdhihii waxay wada jir u qorshaysteen inay habarta dilaan marka ay seexato, taasoo lagu garan karey in dheegteeda dheer oo inta ay soo jeeddo kor u taagnaan jirtey ay marka ay gama'do hoos u dhici jirtey. Qorshasha dilku wuxuu ahaa in digsi biyo karkarya ah wajiga looga shubo markay seexato, qorshehaas oo ay fuliyeen

Intii Dhegdheer noolayd oo dhan jihada ay joogtey weligeed wax roob ahi kama di'in. Laakiin markii ay dhimatay ayaa meel walba roob ka soo curtay. Dadkii meeshaas ka ag dhowaa oo dhimashadeeda ka war helay ayaa hal mar isla qaaday "Dhegdheer dhimatay roobey, dhulkii nabade roobey, Allow roone roobey".

Lixdii gabdhood oo ilma Catir-caano-kudhuuge ahaa iyo ina Dhegdheer ayaa meeshii ka soo saan qaaday iyagoo heeran ah (guurdoon). Ilaahay waa uga cawil celiyey dhibkii ay horay usoo mareen oo mid walba waxaa guursadey nin door ah:

1. Catir-caano-kudhuuge wuxuu u yimid tii gabdhihiisa ugu yarayd oo ilmo murjue ah haysata. Si fiican baa loo soo dhoweeyey. Waxaa loo keenay haruubgaal caanoha oo qof kasta oo cir weyn ku filan. Hase ahaatee, maadaama uu ahaa nin kal-ka-faqri qaba ayuu gabadhii ku yiri "Maandhey catir ii keen aan caanoha ku dhuugo"

Maadaama uu waqtigu habeen ahaa gabadhii waxay ku tiri qorigaan dabka ah qaado oo catirtii hanta gadaankeeda ayay saarantahaye soo qaado, iskana jir wiilkii baa aqalka dhex jiifee. Isagoo maahsan oo dadaq leh ayuu gurigii soo galay ooo markaas si taxaddar la'aan ah qorigii dabka ahaa aqalkii ugu dhejiey, kaasoo isla markiiba wada ololey. Intuu naxay buu boody oo wiilkii yaraa caloosha kaga joogsadey oo beerka bururiyey. Isla markaas baa hal guriga ag fadhidey inta' dabkii aqalka qabsaday ka didday booddey oo wan horteeda taagnaa jilibka ku dhufatay oo sanka ka burburisey, iyadoo iyadiina lug ka jabtay. Hadal iyo dhammaanti odagii reerkii oo dhan qalalaasoo ayuu ka dhex ridey. Intaas oo khasaaro ah markii uu geystey, Catir-caano-kudhuuge waxaa u muuqatay inaan dhabbe kale u furnayn inuu carrao mooyee, sidaasoo uu yeelay.

Markii uu ciddiisii gaarey oo laga waraystay waxa uu kale soo kulmay safarkiisii, wuxuu ku dhawaaqay weeraha soo socda:

"Gabar baa hoogtoo ba'daa lala lahaa, aabbeheedaa bi'yaa la laha, an ma joogine waq hay joojine"!

"Wiil baa beerkii bururaa la laha, hal baa booddoo jabtaa la lahaa, wan baa sambacaraar bururaa la lahaa, an ma joogine waq hay joojine"!

Sida muuqata reerkii uu ku galagashay arrintiisii wuxuu ka dhigay sidii wax uu dhegta ka maqlay ee uusan goobjoog u ahayn!

2. Gabadhii labaad oo uu Catir-caano-kudhuuge u yimid waxaa la oran jirey Samayo Iyadoo xusuusan sidii uu u galay iyada iyo walaaleheed iyo khasaaradii uu u geystey middii uu horay usoo booqday, ayaa iyada iyo ninkeedii goosteen inay odaga jar u degaan. Horta hore si fiican baa loo soo dhoweeyey. Waxaa loo gogley sar gee loo dhinaca dhogorta loo sook or mariyey, taasoo ahayd qayb ka mid ah shirqoolka lala maagganaa. Waxaa loo qalay wan buuran oo baruurtiisii laga dherjiyey, waxaana loo keenay dhiil weyn oo caano geel ah, taasoo uu iyadana qalaf ka siiyey, maadaama u ahaa nin gaajo ku raagey.

Baruurta iyo caanaha geela laysma tuso oo qofkii isku darsada waxay ku ridaan shuban daran oo la mid ah kan qofka burkaantida cabbey. Goor habeen barkii ah ayaa Catir-caano-kudhuuge mindhicirka la kala gooyey oo shuban gantaal ahi soo dhaafay, kaasoo qooyey sartii uu ku jiifey oo dhan. Dhogorta waxaa lagu yaqaan in markii ay qoydo ay sidib noqoto oo lagu simbiriirixdo, taasoo ahayd saldhigga debinka loo dhigay. Markii uu istaag damcay ayuu inta sidbaday ku dul dhacay dooxiisii.

Dhawr goor markii uu isku deyey inuu istaago oo dhaqaaqo, mar walbana uu sidbanayey, ilaa jirkiisii iyo dharkiisiiba saxaradii ku dharoobantay, ayuu gartay shirqoolka loo dhigay oo wuxuu bilaabay habaarka soo socda:

Allow Samayoy aan lagu dhalin,
Allow seeddiyow aan lagu arag,
Allow sumalow aan lagu qalan,
Allow sidigey aan lagu dhaqan,
Allow suusacow aan lagu dhamin,
Allow Soolow aan lagu degin, maroy soo roor, maroy soo roor".

Maroy soo roor wuxuu u lahaa maxaa yeelay maradii baa ka furatay oo uu dacalkeeda jiidayey, isagoo aan suxudsaaxud lagu ogeyn.

Habaarka Catir-caano-kudhuuge waxaa ku jira "Allow Soolow aan lagu degin", taasoo laga fahmayo in meesha sheekada Dhegdheer iyo tan Catir-caano-kudhuuge ku soo arooreen ay Sool ahayd.

[Sheekada 9aad] ARRAWEELO

Sheekada Arraweelo waa mid aad Soomaalidu u taqaanno. Waa arrin is weydiin leh in Arraweelo ahayd qof run ahaan u jirey iyo inay arrinteedu tahay sheeko baraley aan raad sugan lahayn. Waxaa jirta oraah sheegaysa in sheeko baraley kastaa ay leedahay saldhig run ah dabadeed wax kastaba ha lagu kordhiyee.

Haddaba, haddii dhankaas laga eego iyo iyadoo ay sheeekada Arraweelo tahay mid aad caan ugu ah Soomaalida dhexdeeda, ayaa lays oran karaa armaa arrinteeda wax ka jiraan ee ayan kutiri-kuteen keli ah ahayn. Waxaa xusid mudan in la sheego inay dhinaca Itoobiyana ka jirto sheeko ku saabsan haweeney dhinac kasta Arraweelo ka shaabbahda.

Haddaba, haddii aan dib ugu soo laabto arrinta ah qof noocee ah bay Arraweelo ahayd, waxaa la sheegaa inay haweeneydaasi ahayd boqorad ku caan baxday cadaadinta ragga oo gaartey ilaa heer ah inay wiilkii dhashaba dhufaanto, si ay boqortooyadeeda ragga uga gawrici jirey wiilashooda gabdhohodana deyn jirey.

Sheekadu waxay sheegaysaa in cadaadiska ay ragga ku haysey uu gaarsiiyey heer ah inay isku dayday inay dhufaanto wiilkii gabadheedu dhashay. Gabadhii sidii ay hadba xeelad u isticmaalaysey, si ay hooyadeed ugu qanciso inay dib u dhigto dhufaanidda wiilka, ayay ku guuleysatey in wiilkii uu barbaaro oo aakhirkii uu isaga laftiisu ayeydi dilo.

Sida sheekada ku soo aroortay, raggii waxay dani ku kalliftay inay qarsadaan nin oday ah oo waayo arag ah oo kala taliya qorsheyaasha qallafsan ee Arraweelo. Waxaa dhibaato ka timid sidii loo qarin lahaa odagaas, siiba marka la guurayo. Si arrintaas loo hir geliyo waxaa laysla gartay in odaga la saaro rati guubis ah oo ah mid ay qaalin ugubi ku curatay, kaasoo loo arkay inuu awrta kale uga adkaysan badnaa qaadidda lafaha culus ee odaga. Markii ay Arraweelo qorshe cadaadis oo hor leh soo saartaba raggu odaga ayay kala tashan jireen oo u sheegi jirey xeeladdii looga hor tegi lahaa qorshehaas.

Maadaama ay rumaysnayd inaan ragga dhufaanani xallin karin xeeladeheeda ayay la yaabi jirtey in qorsheyaasheedii socon waayeen, oo waxay oran jirtey "Yaa yiri rag baa xiniinyo ka dhammaadeen"? Xujooyinka ay keentay waxaa ka mid ahaa inay tiri rati ha la soo raro iyadoo aan xargo la isticmaalin. Raggii odagii bay ula tageen arrintaas oo kula taliyey inay ratiga korkiisa xanjo mariyaan si raradu korkiisa ugu dhegto, sidaas oo ay yeeleen.

Aakhirkii way garatay in ratiga guubiska ahi uu odaga sidey, taasoo ay ku garatay inuu cagaha jiidayey, culayska odaga awgiis. Waxay amartay in ratiga la fariisiyo, markii ay baartayna waxay ka dhex heshay odagii oo halkaas ku dhuumanaya. Odagii markii uu arkay in xaalku meel xun marayo ayuu debedda ku dhacay, maadaama uu ogaa in haddii ay gacanta ku dhigto ay dilayso. Arraweelo odagii bay cayrsatey oo muddo dheer markii ay cayrinesey ay soo gaartey. Markii ay isku keliyeesteen waxaa labadoodii dhex martay sheeko gacalo oo beddeshey tii colaadda oo awal ka dhexaysey, taasoo ay ku wacnayd inay iyadu xiiso rag oo raagey qabtey, hase ahaatee ay siyaasaddeeda gurracani u qoonsatay baahitirka xiiseheedaas. Hadal iyo dhammaanti, Arraweelo iyo odagii waxay ciddii ku soo laabteen iyagoo xiis iyo maax ah.

Xukunka adag oo ay ragga kula dhaqmi jirtey waxaa ka mid ahaa inay ragaa u diri jirtey shaqo midiidinnimo oo keli ah oo ay ka mid ahayd inay iyada u qubeeyaan. Markaas oo kale waxay ka ballan qaadi jirtey ragga u qubaynaya inay siinayso qaalin geel ah. Maadaama ay ahayd habar reer miyi ah oo aan qubaysasho badnayn, ayaa ragga u qubaynayaa ku dhawaaqi jireen "Naa ufey Arraweelo la go". Markaas bay oran jirtey "Ina feyd fallar dhac" oo ay ula jeeddey in qaalintii ay ka ballan qaadday siddeed meelood meesheed ay ku waayeen hadalkaaas ay yiraahdeen. Maadaama ay raggu inta ay u qubeynayaan ku celcelin jireen oraahdaas iyaduna teeda, ayaa natiijadu ahaan jirtey inay u qubeeyaan iyadoo aan waxba siinnin.

Dhaxalka adag ee haweenka Soomaaliyeed ka dhaxleen Arraweelo waxaa ugu weyn inay ka caga jiidaan waxa nimankoodu ka dalbaan, arrintaas oo la xiriirta dardaarankeedii adkaa oo ay haweenka kula dardaarantay oo laha "Waxaad yeeli doontaan diidney dhaha"! Dardaarankaasi iska dheh ma ahayn ee micne weyn buu gudanayey oo ah in ninku wax kasta oo uu hweeyneydiisa uga baahdo ay ugu fuliso sic ago jiid ah, siiba tan ku saabsan wada dhaqankooda gaarka ah, taasoo aad kor ugu qaadaysa awooddeeda gorgortanka. Oraahaha caanka ah ee haweenku ka soo xigteen dardaarankaas Arraweelo, waxaa ka mid ah inay haweeneydu ninkeedeeda ku tiraahdo, xataa haddi uu hal iyo hindi ka bixiyey, "War meel cidla' ah baad iga heshay mana ogid in reer igu soo tiir iyo tacab belay iyo sida looga rabrabsiinayo haweenka asaaggay ah.

Xusuuta kharaar ee Arraweelo ragga ku reebtay waxaa muujinaya arrinta soo socota oo aan anigu indhahayga ku arkay intii aan miyiga joogey. Arrintaasi waxaa weeye inaad arkaysid markii aad cabbaar socotidba dhagaxyo tuunsan dhinacyada dhabbeyaasha ceelasha miyiga loogu soo arooro, kuwaasoo lagu sheego inay yihiin qabrigii Arraweelo.

Ragga dhaanka wadaa markii ay ag marayaan mid tubahaas ka mid ahba, iyagoo caraysan bay dhagax hor leh ku tuuraan, iyagoo aad moodeysid inay madayaan qof danbi weyn galay. Tirada badan ee qabriyada malaha ah ee Arraweelo iyo carada aragtidoodu ragga ku kicinayso waxay muujinayaan necaybka qoddada dheer ee haweeneydaasi ragga ku reebtay.

Qisada dilka Arraweelo waxaa lagu sheegay inay u dhacday sidatan: Maalin maalmihii loo qubeyn jirey ka mid ahayd ayay muddo dheer geelii waraabintii ka xayirtay. Markii loo sheego in geelii harraad u dhimanayaba waxay ku jawaabeysey "Far baa mayr la' ", oo ay ula jeeddey in hal far oo fareheeda ka mid ah aan weli la mayrin. Aakhirkii wiilkii ay ayeeyada u ahayd oo geela horayey ayaa arrintaas u adkaysan waayey oo markaas go'aansaday inuu dilo. Labada siyood oo soo cocda middood baa la sheegaa in loo diely. Midi waa inuu wiilkii waran ku soo kilkilay oo uu sidaas ku diley, midda kalena waa inuu ceel afkiis raro ugu daboolay oo yiri "Ayeeyo halka ku soo fariiso ha laguu qubeeyee" oo markaas inta' raradii la duntey ay ceelkii ku dhacday.

Markii uu qorshaha dilkeeda diyaarinayey ayuu raggii kale ku yiri "Haddii marka nabarku ku dhaco ay tiraahdo "Tol beelay" ha la badbaadiyo, haddiise ay tiraahdo "Hoogey oo ba'ay", sida haweenku yiraahdo, haw jixinjixina.

[Sheekada 10aad] WIIL ABTIGIIS TUUGNIMO KU TABO BARAYO

Waxaa jirey nin xarfadda tuugnimada ku caan baxay. Gabar walaashiis ah oo wiil hanaqaad ah lahayd ayaa ka dalabtay inuu wiilkeeda tuugnimo ugu tababaro, taasoo u ka yeelay. Hase ahaatee, sida aan arkidoonno, wiilku isagaaba abtigiis fariiso yiri xagga xarfadda tuugnimada.

Goor subaxnimo ah ayay labadoodii reerkii ka soo ambabexeen iyagoo raadinaya wax ay xadaan. Markii ay in muddo ah soconayeen ayay ku soo bexeen nin wan wata, qumbe subag ahina garabka u saaranyahay. Markaas baa abtigii yirii "Waa inaan labada shay midkood ka xadno". Wiilkii baa soo boodey oo yiri "Waa inaan labadaba ka xadno". Abtigii oo yaabban baa yiri "Haddeed bal adigu keen xeeladdii labada shayba lagu xadi lahaa". Wiilkii wuxuu yiri adigu horay usii carar oo ku dhuumo geed dhabbaha ninku ku socdo dhiniciisa ah, aniguna intaan indhaha xanjo marsado ayaan iska dhigayaa nin indho la' oo cid hagta u baahan. Waxaan ninka ku oranayaa, anigoo iska dhigayaa nin shanqartiisa maqlaya laakiin aan arkayn, "War yaa muslim ah oo mesha maraya oo ii gargaara" Wuxuu ugu jawaabey "Waxaan ahay nin indho la' oo u baahan cid hagta". Ninkii wuxuu yiri "War anigu kuma hagi karo maxaa yeelay gacan wan baan ku wadaa tan kalena qumbe ayaan ku sidaa". Wiilkii, waa sidii uu rabeyey, wuxuu yiri "War aniga ii dhiib wanka xariggiisa adiguna usha ii qabo", tasoo uu yeelay, isagoo aan ogeyn jart loo degey.

Wiilka iyo abtigiis waxay horay ugu soo heshiiyeen in markii ay ag marayaan geedka uu ku dhuumanayey, oo dhabbohooda ku yiil, uu wanka xarigga ka furo oo la haro, sidaasoo uu yeelay. Muddo dheer markii la socdey ayaa wiilkii ninkii ku yiri "War ninyohow xariggaan wado xoolo kuma jiraan", isagoo arrinta u ekaysiinaya in wankii iskiis xariggii uga furtay. Ninkii markii uu gadaal eegay oo arkay in wankii maqanyahay wuu qarracmay. Markaas baa wiilkii yiri "War anigu nin indho la' baan ahay oo melena ma aadi karee, qumbaha ii dhiib oo wankii raadi, aniguna halkaan ayan kuu fadhinayaaye", taladaasoo uu yelay. Wiilkii markii uu hubsaday in ninkii fogaadey ayuu xanjadii uu indhaha marsaday inta' iska tirtiray qumbihii la dhaqaaqay. Ninkii wankii sooma helin, markii uu ku soo laabtay meeshii uu wiilkii iyo qunbihii uga tegeyna raadkood iyo ruuxood toonna ma helin. Haddeed, goor talo faro ka haaddey ayuu gartay sida looga saayid caleeyey!

Sida muuqata wiilkii wuu ku guuleystey qaybtii hore ee qorshihiisii. Qaybta labaad waxay ku saabsantahay wiilkii oo qorshaynaya sidii uu abtigiis uga qadin lahaa xoolihii la soo xaday.

Wiilkii iyo abtigiis waxay isla garteen inay wanka debedda ku soo qalaan oo hilibkiisa oo bisil cidda u keenaan, taasoo ay u yeelayeen in haddii wanka lagu qalo reerka dhexdiisa uu derisku ogaan lahaa oo markaas tuhun dhalan kari lahaa. Meel hawd ah ayay wankii ku qaleen. Wiilkii baa calooshi wanka qaaday oo yiri "Abti i sug caloosha ayaan soo qufayaaye", taasoo ahayd xeelad uu rabey inuu abtigiis uga qadiyo xoolaha la soo xaday, isagoo aan dhagarta garannin.

Wiilkii jiqda ayuu calooshii la galay oo inta bur qaatay calooshii la dhacey, isagoo markii uu usha ku dhuftaba ku dhawaaqayey "Aa !, war anigu xoolahaagii ma xadine ninkaas baa kaa xaday", xeeshaas oo uu ula jeedey in abtigiis moodo in ninkii xoolaha lahaa uu qabtay oo dilayo. Abtigii markii uu hubsaday in abtigiis cararay ayuu goobtii ku soo laabtay oo inta' hilbkii iyo qumbihii subagga garabka usoo ritey hooyadiis u keenay oo ku yiri "Ninkii aad iigu dartay innu i tababaro isagaa tababar u baahan"

Si uu abtigiis ugu qanciyo in la qabtay oo la diley wiilkii asal ayuu soo cabbey, kaasoo ah dhacaan guduudan oo laga miiro laamaha ama xididdaha geedaha qaarkood loona isticmaalo in lagu guduudiyo hargaha, haamaha, dhiilaha iwl. Wiilku markii uu cabbaar joogaba wuu is mantajinayey isagoo soo butaacinayey waxaas aad dhiigga moodaysid, taasoo qof kasta oo arkaba ku qancinaysey in run ahaan wiilka la diley. Abtigiis inta dhagartaas ku khatalantay ayuu ka mid ahaa, sidaasoo uu kaga qaday xoolihii uu wax ka soo xaday.

[Sheekada 11aad] BIRIIR BARQO IYO XABBAD INA-KAMAS

Sheekada Biriir Barqo iyo Xabbad Ina-kamas oo ahaayeen labo nin oo geesiyaal ah, waxay ka dhacday Gobolka Mudug, gaar ahaan aagga Marsinka loo yaqaan oo u dhexeeya dhulka cadduunka ah ee Jirriiban iyo dhulka dushsa ah oo dhagaxleyda ah ee woqooyiga ka jira. Erayga "marsin" waxaa suurowda inuu ka imanayo erayga "mar" oo ah dhex-xirka oo jirka u kala qaybiya qayb sare iyo qayb hoose, maadaama uu Marsinku isaguna kala qaybiyo labadii nooc oo dhulka ahaa oo aan soo sheegay.

Qisadaan oo uu qoraagu ka weriyey aabbihiis, Sheekh Xirsi Axmed, Alle haw naxariistee, tifaftirkeedu waa sidatan:

1. Biriir Barqo oo ka dhashay qoyska Dir wuxuu ahaa nin xoog jir iyo geesinnimo isku darsaday. Awooddiisaas dheeriga ahayd waxay gaarsiisey inuu dadkii aaggaas degganaa ku amar-ku-taagleeyo oo uu wixii uu doono xoog kaga marooqsado. Gaar ahaan wuxuu caan ku ahaa inuu dhaco awrta buurbuuran oo uu qalan jirey. Si uu qorshihiisaas u fushado wuxuu harsan jirey geed caanamacay ah oo Harqaboobe la yiraahdo oo ku yaal dhinaca dhabbaha ceelasha Jirriiban loogu soo arooro, si uu awrta dhaanka ah oo halkaas maraysa uga xusho rati buuran oo uu qasho. Anigu intii aan miyiga joogey waan arkay geedka Harqaboobe, hoostiisana waan

istaagey, isagoo laamihiisu labo dhinac u kala bayreen hase ahaatee weli hoos fiican leh.

2. Xabbad Ina-kamas oo isagu ka tirsanaa qoyska Reer Maxamuud, wuxuu ahaa nin dhallin yar oo markaas xooggu ku xasilay, laakiin aan geesinnimadiisu weli soo shaac bixin ilaa ay Biriir Barqo iska hor yimaadeen.

Sababta labadaas geesi iska hor keentay waa sidatan:

Xabbad Ina-kamas baa abtigiis weydiistey rati uu dhaansado. Abtigiis oo ogaa in dhabbaha la sii marayaa uu ahaa kii uu Biriir Barqo fariisan jirey, wuxuu wiilkii ku yiri "Maandhow haddii aan ratiga ku siiyo waxaan ka baqayaa in Biriir Barqo iga qasho". Xabbad wuxuu obtigiis ku yiri "Abti, haddii ratigaaga Biriir qasho wax aad kaga gama'do ayaan kaagakeenayaa". Abtigii inkastoo uusan aad ugu qanacsanayn in wax Biriir Barqo gacantiisa galay looga soo gudi doono, haddana wuxuu ka badin waayey inuu ratigii siiyo wiilkii uu abtiga u ahaa.

Xabbad ratigi wuxuu la soo maray geedkii Harqaboobe oo uu Biriir harsanayey. Biriir markii ay indhihiisu ratigii ku dheceenba hunguri baa ka galay, laakiin markii uu arkay baxaalliga ninka ratiga wata wuu ku dhici waayey inuu u bareero. Hase ahaatee, maadaama uu Biriir ratiga aad ula dhacay wuxuu uga daba tegey ceelkii loo wadey, halkaasoo uu gaarey iyadoo ratigii ku mudmudey oo wuxuu yiri "Rati buuran gartoo raradaa foocsan". Xabbad Ina-kamas oo meesha taagnaa baa haddiiba ugu jawaabey "Dhimandoone gartoo dhuuntaa dheer" oo ka wadey ninkii meleggiis galo waan aqaanoo waa hunguri badanyahay. Birrir Barqo haddana wuu ku dhici waayey inuu ratigii u bareero. Hase ahaatee, maadaama uu ratigu maankiisa degey wuxuu goostay inuu isticmaalo xeelad aan kafool-kafool ahayn oo uu ratiga ku helo.

Xabbad Ina- kamas dhaankiisii ayuu la fuley isagoo habeenkii jidka ku sii dhaxay. Biriir wuxuu diray koox burcaddiisii ka mid ahayd oo ratigii u soo xadday, kaasoo uu markii loo keenayba horay ka qashay.

Xabbad markii uu ciddii tegey isaago aan ratigii wadin ayaa abtigiis xusuusiyey hadalkii uu ku yiri markii uu ratiga siinayey. Xabbad halkaas buu qalabkiisii ka soo qaatay oo wuxuu foodda soo saaray meeshii uu Birriir degganaa, halkaasoo uu yimid Biriir oo aqalkiisii harsanaya. Aqalka Biriir wuxuu dalool ku lahaa meesha dhalada ah, halkaasoo oo ugu talo galay inuu bootin uga baxo haddii iridda laga xiro. Xabbad markii uu yimid buu yiri "Dabar iga durug", taasoo uu ula dan lahaa inuu in dabar dhererki le'eg ka durko, isagoo rabey inuu inta' aqalka daloolkiisa ka soo boodo ay halkaas ku kala baxaan. Xabbad wuxuu ugu jawaabey "Hoggaan baan kaaga dhigay", taasoo uu ugu sheegayey inuu meeshii uu ku soo boodi lahaa uga dhigay ilaa in rati hoggaanki dherer l'eg. Biriir oo aad haad moodaysid baa aqalka daloolkiisii ka soo kudey. Muddo markii ay is jafayeen ayaa Xabbad nabar aan kacdin lahayn la helay Biriir oo ay halkaas naftii qalaf kaga tiri. Xabbad intaas kuma ekaannine boqol halaad oo Biriir lahaa ayuu jeedalka ku sii dhufsaday.

Koox ciidankii Biriir ah ayaa ka daba qaadatay, hase ahaatee dhawrka calaamo oo socda oo ay arkeen ayaa bajiyey oo ku qanciyey inay isaga soo haraan:

1. Xabbad murqaha kubkiisu way ka baaxad weynaayeen kuwa bawdadiisa, taasoo calaamo geesinnimo ah. Soomaalidu waxay tiraahdaa "Bakal (fuley) beerkiyo bawdadaa weyn", marka isagu bakal ma ahayn, suu ma bawdyo weyneyne.

2. Intii uu geela sii watey buu meel kaadi la fariistay markaas baa kaadidiisii, xooggii ay ku baxaysey awgiis, god dheer qodatay, taasoo ay raggii raacdaysanayey u arkeen inuu ahaa nin ragannimadiisu dheeri tahay.

3. Geed qaroon ah ayaa lugtu u gashay markaas buu dhifashadii uu lugta soo dhiftay geedkii salka ka soo ruqay.

Intaas oo calaamo waxay raggii ku qanciyeen in haddii ay ninkaas iska hor yimaadaan uu in badan oo iyaga ka mid ah salfanayo, sidaas awgeedna waxay door bideen inay isaga soo haraan. Xabbad isagoo boqolkii halaad gelbinaya ayuu abtigiis u keenay oo yiri "Abti sow intaas oo halaad ratigaagii kagama gami' kartid"? Cidna kama daahna in jawaabtiisu haa ahayd!

[Sheekada 12aad] RABOOSH OO ROOB U DA'EY REERO WARARAYSANMAYN

Raboosh waa wanka yarka ah. Caadada reer miyigu waxaa weeye in inta jilaalku socdo oo dhan la qasho wananka yaryar. Markii roobka ugu buuran, taasoo loo yaqaan "shiro doogsimaalays" oo micneheedu yahay wax qalashadii roobda'a.

Haddaba, iyadoo roob da'ey ayaa raboosh la waraystay oo la yiri bal iska warran, markaas buu ku jawaabey "Raboosh oo roob u da'ey reero wararaysanmayn" oo uu ula jeedey in mar haddii roob da'ey uu sidii uu rabey helay, cid kalena uusan dan ka lahayn. Dulucda hadalku waxaa weye in mar haddii jiilaalki laga baxay uu qalliin ka fakaday, taasoo ah sidii uu rabey.

Oraahdaani waxay noqotay mid loo adeegsado qofkii ay arrintiisu isugu dubbe dhacsantahay.

LIFAAQ 3: SAWIRO

SAWIRO

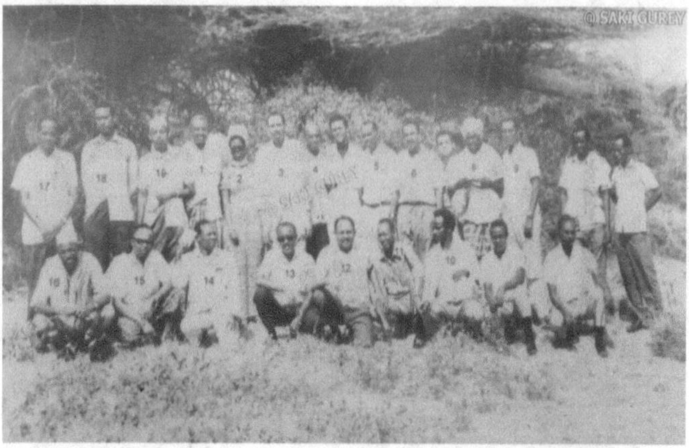

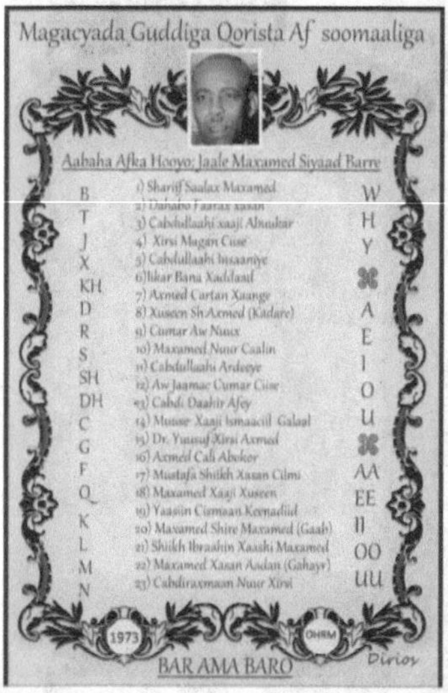

Magacyada Guddiga Qorista Af soomaaliga

Aabaha Afka Hooyo: Jaale Maxamed Siyaad Barre

1) Shariif Saalax Maxamed
2) Dahabo Faarax xasan
3) Cabdullaahi xaaji Abuukar
4) Xirsi Magan Cise
5) Cabdullaahi Insaaniye
6) Iikar Bana Xaddaad
7) Axmed Cartan Xaange
8) Xuseen Sh Axmed (Kadare)
9) Cumar Aw Nuux
10) Maxamed Nuur Caalin
11) Cabdullaahi Ardeeye
12) Aw Jaamac Cumar Cise
13) Cabdi Daahir Afey
14) Muuse Xaaji Ismaaciil Galaal
15) Dr. Yuusuf Xirsi Axmed
16) Axmed Cali Abokor
17) Mustafa Shiikh Xasan Cilmi
18) Maxamed Xaaji Xuseen
19) Yaasiin Cismaan Keenadiid
20) Maxamed Shire Maxamed (Gaab)
21) Shiikh Ibraahin Xaashi Maxamed
22) Maxamed Xasan Aadan (Gahayr)
23) Cabdiraxmaan Nuur Xirsi

B T J X KH D R S SH DH C G F Q K L M N

W H Y A E I O U AA EE II OO UU

1973 OHRM

BAR AMA BARO

Dirios

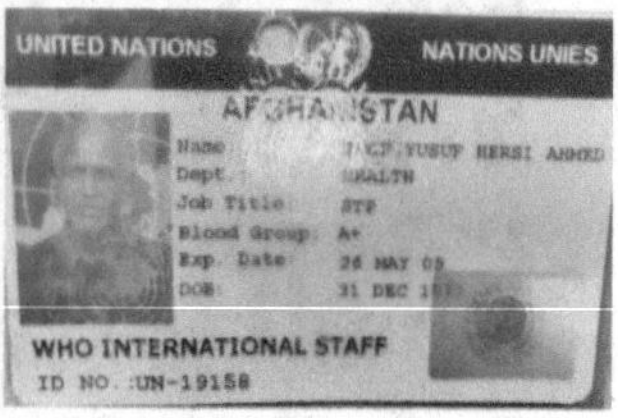

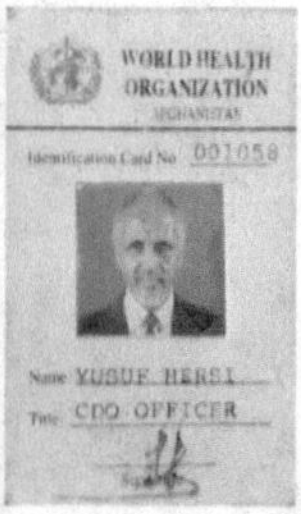

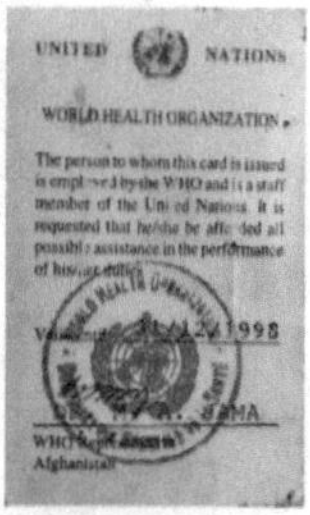

www.ingramcontent.com/pod-product-compliance
Lightning Source LLC
Chambersburg PA
CBHW011958090526
44590CB00023B/3773